Regional Culinary Arts

고향의 맛
향토음식

최 봉 순 저

Gadam PLUS

| 머리말 |

우리나라는 삼천리 금수강산이라 불릴 만큼 산수가 수려하다. 삼면이 바다와 접해 있고 70%가 산지로 이루어져 있으며 남과 북의 기후차가 현저하며 곳곳의 산물이 다르다.

우리나라는 삼국시대부터 농경문화의 영향으로 쌀, 콩, 조, 기장 등의 곡류를 주식으로 김치, 국 등을 기본차림으로 이어져 오고 있다.

음식은 그 민족을 알 수 있는 대표적인 문화로 자연적 요소와 사회적 요소에 따라 변화되어 오고 있다. 지형, 기후, 풍토와 같은 자연적 환경은 다양한 산물을 주고 있지만 정치 · 경제 · 종교 · 사회적 규범과 같은 사회 문화적 환경은 서로 다른 음식문화를 형성하게 된다.

한국의 전통음식은 조선왕조 500년 역사 속에서 피어난 왕실의 궁중음식, 반가의 화려했던 반가음식, 서민의 소박한 음식 그리고 고장마다 특색 있게 내려온 향토음식이 대표적인 것이라 할 수 있다. 예로부터 우리의 선조들은 제철에 나오는 재료로 시절에 맞추어 몸에 유익한 음식을 만들어 이웃과 서로 나누어 먹음으로써 영양을 보충하고 상부상조하는 공동체 생활을 하여왔다.

전국적으로 일상적인 식생활에서의 음식은 공통적인 면이 많이 있지만 그 지방에서 나는 식품과 특별한 양념을 넣어서 지방마다의 고유한 향토음식이 전승되어 왔다.

향토음식은 각 지역의 특산물을 이용하여 독특한 조리법으로 고유의 맛과 특성을 갖고 전승되어 온 음식이라 할 수 있다.

각 지방의 향토음식은 1900년 중반까지는 고유한 특색이 있었으나 산업과 교통이 발달하여 1일 생활권에 접어들면서 물적 교류와 인적 교류가 늘어나게 되었다. 그리하여 한 지방의 산물이나 식품이 전국 곳곳으로 퍼지게 되고, 음식의 맛도 평준화 되어가고 있다. 예전에는 지역마다 색다른 식재료와 맛으로 여행의 운치를 더하였지만 요즘은 특별히 그 고장의 음식을 느낄 수 있는 집을 찾아 가야 하는 수고를 하여야 한다.

국력은 그 민족이 갖고 있는 음식문화의 힘으로 나타나는 것을 우리는 알고 있다. 우리는 오랜 역사와 함께 다양한 음식과 다양한 조리법을 갖고 있는, 세계에서 보기 드문 식문화를 갖고 있다. 이런 훌륭한 음식문화를 보존, 발전시켜 다양한 컨탠츠와 함께 세계인들이 한국음식을 찾을 수 있도록 노력하는 일도 우리의 몫인 것이다.

한 가지 아쉬운 것은 북한 음식에 대한 궁핍함이 목마르다.

우리나라 음식에 대한 사랑을 담아 향토음식을 표현하고 더욱 많은 학자들의 연구에 밑걸음이 되고자 책을 펴냅니다.

우리 음식에 대한 이해와 깊이를 주신 윤 숙자 교수님과 책이 나오기까지 도움을 주신 김용문 교수님과 최송산 교수님, 열심히 업장에서 활동하고 있는 제자들 모두에게 깊이 감사를 드립니다.

2015년 5월

저자

제1부
향토음식의 정의와 특징

제2부 지역의 향토음식

제3부 향토음식 만들기

서울 · 경기도

강원도

충청도

전라도

경상도

제주도

평안도

황해도

함경도

제1부
향토음식의 정의와 특징

1. 한국의 향토음식의 정의

음식은 한 나라의 정치 · 경제 · 문화 등 여러 가지 정보를 담고 있는 문화의 핵심이라고 할 수 있다.

우리나라는 삼국시대를 거쳐 왕권국가로써 고려시대와 조선시대를 통해 궁중음식이 화려하게 펼쳐졌고, 귀족들의 품격이 있는 반가음식과 소박하면서도 영양의 균형을 이뤄 온 서민들의 음식인 향토음식이 있다. 또한 오랜 역사 동안 불교의 영양으로 사찰에서의 음식이 이어져 오고 있었다. 또한 농경생활을 중심으로 계절마다 나는 식재료를 이용하여 시절음식이 발달되었다.

우리나라는 사계절이 뚜렷하고 지역 간의 기후 차이가 있어 각 지방마다 특산물이 다양하게 생산되어 발달되어 왔다.

전통음식과 향토음식은 뜻이 비슷한 의미로 사용되고 있지만 다소의 차이가 있다.

전통음식이란 그 지역에서 생산되는 산물을 주로 이용하여 그 지역에 거주하는 주민들의 오랜 역사를 통해 그들의 환경적, 사회 문화적, 경제적, 정치적 요인의 영향을 받아 발전시킨 그 지방 특유의 음식으로 형성되어 내려온 것을 말한다.

향토음식은 그 지방에서 생산되는 특산물을 이용하여 조리되어진 음식이다. 더불어 그 지역에서 오래 전부터 고유하게 이어져온 조리법으로 만들어진 음식이다. 일상적으로나 문화적 행사 등을 통하여 만들어진 음식이다.

향토음식에 대한 명확한 학술적 정의는 없다.

향토음식의 개념을 이해하기위하여 사전적 의미를 알아보고자 한다. 향토(鄕土)의 사전적 의미는 '자기가 태어나서 자란 고향땅', '고향과 같이 적합한 기후조건을 가진 곳'이라 해석할 수 있다. 향토요리는 '그 지방 특유의 전통적인 요리'라고 표현되어 있다.

향토음식은 종교의 영향을 많이 받으며 조선시대의 유교문화를 배경으로 지방 유림이나 토속세력들이 넉넉한 살림살이에 의해 향토음식이 발전되기도 했다.

향토음식의 개념을 정리해 보면 그 지방에서 생산되거나 흔히 구할 수 있는 식재료로 적합한 조리법으로 발전시킨 음식, 흔히 사용하는 재료로 그 지방의 기후, 풍토, 지역적 특성이 반영된 특유의 조리법으로 타 지방과는 차별화된 음식으로 발전시킨 음식, 옛날부터 그 지방 행사와 관련하여 만들어 오늘날까지 전해져 오는 음식으로 이해할 수 있다.

향토음식은 시대의 변화에도 불구하고 우리 생활에 뿌리내려 이어져온 음식이다.

향토음식은 한국의 긴 역사를 통해서 발전시켜온 음식문화의 결정체라 할 수 있다.

향토음식은 그 지방에서 생산되는 산물과 그 지방의 조리법으로 그 지방의 사람들이 즐겨 먹는 음식이라고 이해할 수 있다. 일반적으로 전통음식 보다는 좁은 개념 이라할 수 있다.

향토음식은 특정 지역에서 생산되는 특산물 및 지역에서 생산되는 식자재를 이용하거나, 지역에서 고유하게 전승되어 온 조리법으로 조리된 음식이라고 한 억(1994)은 말한다.

정낙원(2007)은 특정지역의 기후, 지세 등 자연환경에 순응하면서 독특하게 개발된 음식으로 그 지역의 정치, 경제, 문화의 변천과 영향을 받으면서 그 지역 사람들이 일상적으로 먹는 음식으로 타 지역의 음식과는 비교할 수 없는 특성을 가진 맛과 형태를 지닌 음식이라고 하였다.

이효지(1998)는 향토음식의 개념을 다음가 같이 정리했다.

첫째, 영광굴비와 같이 특정 지역에서만 생산되는 특산품을 사용하여 발전시킨 음식이다. 둘째, 특정 지역이나 그 인근에서 대량 생산된 특산품에 지역의 독특한 조리법이 결합되어 발달한 춘천 막국수나 속초 오징어순대와 같은 음식이다. 셋째, 어디서나 흔한 재료를 사용하더라도 지역 특유의 생활양식에 의해 차별적으로 발달된 충무김밥과 같은 음식이다. 넷째, 설렁탕과 같이 특정 지역에 의례나 행사와 관련하여 발달하게 된 음식이 있다고 하였다.

2. 향토음식의 형성

우리나라의 위치는 북위 33℃~43℃, 동경 124℃~132℃의 중위권에 위치해 있다. 북쪽으로는 중국대륙과 접해 있고 동쪽, 서족, 남쪽은 바다와 접해있는 반도국이다. 중국과 맞닿아 있어 물적, 인적 교류가 많았으며 남쪽으로는 바다를 건너 일본과도 빈번한 교류가 있었다. 전 국토의 70%가 산지로 되어있으며 동쪽은 높고 서쪽은 낮은 동고서저(東高西低)로 이루어져 있다. 백두대간을 중심으로 남북으로 태백산맥과 낭림산맥이 자리잡고 있으며 동서쪽으로 갈비뼈 같은 모양으로 남쪽에서부터 소백산맥, 노령산맥, 차령산맥 등 크고 작은 산맥과 한강, 낙동강, 금강, 섬진강, 영산강 등의 하천이 흐른다.

우리나라의 해안선을 보면 동해안은 단조롭고 해안선의 경사가 급하며 수심이 깊은 편인데, 서해안은 굴곡이 심하고 해안선의 경사가 완만하다. 서해와 남해안은 섬이 많아 다도해지역으로 세계적인 리아스식 해안을 이루고 있다. 이와 같은 차이는 산맥의 발달 방향의 영향이 많기 때문이다.

동해, 남해, 서해의 수온은 계절에 따라 달라 다양한 어장을 형성한다. 동해에는 난류성 어종인 고등어, 오징어, 삼치 등과 명태, 대구, 도루묵, 넙치, 광어 등이 잡힌다. 서해에는 조기, 갈치, 새우, 노래미, 광어, 민어 등이 있으며 간석지에는 굴, 바지락, 대합 등이 풍부하다. 남해에는 멸치,

돔, 농어, 우럭, 가자미, 광어, 도다리, 붕장어 등이 잡힌다.

우리나라의 위도는 10°사이에 걸쳐 있어 연평균기온은 서울이 11℃, 제주는 14.7℃, 개마고원의 중강진은 3.9℃로 남과 북의 차이가 10℃ 정도가 난다. 또한 고온다습한 무더운 여름이 있고, 긴 겨울은 북부지방이 길고 남부지방은 짧은 편이다. 이와같이 우리나라는 반도로 되어 있으며 태백산맥이 남북으로 길게 뻗어 있어 작은 국토인데도 불구하고 동서남북의 기후가 다양하다.

우리나라에서 겨울 기후의 특징 중 하나가 삼한사온이다. 이는 몬순기후의 강약에 따라 이루어지는 일종의 파동현상이다. 한파는 11월 중순부터 나타나기 시작하여 2월 말까지 또는 3월에도 한파의 영향이 있으며 꽃샘추위가 나타나기도 한다.

바람은 겨울에는 북서풍이 불며, 여름에는 남서풍이 불어 계절에 따라 방향이 다르게 나타난다. 동해에서 태백산맥을 넘어 불어오는 높새바람은 영동지방보다 영서지방의 기온이 높고 건조해 영서지방의 가뭄을 만들기도 한다.

기후는 위도나 해발 고도에 따라 다양하게 나타나는데, 여름에는 적도 부근의 태평양에서 불어오는 더운 바람의 영향으로 후덥지근하며 장마전선의 영향으로 집중호우가 내려 피해를 입기도 한다. 겨울에는 북쪽의 시베리아에서 불어오는 차가운 바람의 영향으로 춥고 건조한 기후가 계속된다.

우리나라는 습윤기후 지역이어서 비가 많이 오는 편이다. 평균 강수량은 울릉도와 제주도가 1,400~1,800mm로 가장 많은 편이고 남해안이 1,400~1,500mm를 나타내고 중부지방이 1,200mm이며 북부지방이 800~900mm로 북쪽으로 갈수록 강수량이 점차 줄어드는 현상이 있다.

여름의 대표적인 기후 현상은 장마이다. 대개 6월 말부터 시작하는 장마는 7월 말까지 이어지면서 채소류의 가격을 급등하게 만드는 원인이기도 하다.

음식 문화는 자연환경의 영향을 많이 받는다. 계절마다 지역마다 생산되는 식재료도 다르고 자연에서 얻어지는 나물의 종류도 달르다. 가을의 햇볕과 바람을 이용해 겨우 내내 먹을 각종채소를 말리기도 하고, 겨울을 대비해 장아찌와 김장을 해서 계절의 변화에 대비하는 식문화가 형성된다.

서울과 수도권의 중부지방은 지형이 완만한 것과 같이 음식의 맛도 소박하고 간이 세지 않은 것이 특징이다.

남쪽으로 갈수록 경상도, 전라도 지역은 기후의 영향으로 음식의 맛이 짜고 매워지는 편이며 젓갈과 고춧가루를 많이 사용하고 있다.

이와같이 식문화는 그 민족이 살아 온 삶의 흔적이 고스란히 드러난다고 할 수 있다.

3. 향토음식의 특징

우리나라는 높은 산맥과 강으로 지역이 나누어지면서 산물이 다양하게 생산되어지고 있다. 우리나라는 동쪽과 서쪽의 지형과 특성이 다르고 남쪽과 북쪽의 특성이 달라 고장마다 산출되는 식품이 다양하다. 또한 오랜 왕권국가로 왕조가 바뀔 때마다 도읍지의 발달과 함께 음식 문화도 많은 영향을 미쳤다.

정낙원(2007)은 향토음식을 지역 사회에서 만들어 먹어 온 맛과 멋을 지닌 음식으로 지역성, 독창성, 의례성이라는 특성이 있다고 하였다. 향토음식의 지역성은 그 지역에서만 먹을 수 있는 음식을 말한다. 독창성은 조리법의 중심으로 볼 때 그 지역에서만 고유한 조리법으로 음식을 만드는 것을 말한다. 의례성은 그 지역 사람들의 문화행사와 함께 발달되어 온 음식을 말한다.

이와같이 향토음식은 조리적 조건에 따른 특징인 지역성, 그 고장만의 특성에 따른 독창적인 조리법, 그 고장 사람들의 사고방식과 생활양식에 따라 전승되어져 온 문화와 접목된 음식 문화인 의례성이 있는 음식을 말한다.

지역성

음식문화는 자연적으로 형성된 지리적 특성과 기후가 다르기 때문에 지역마다 생산되는 식품의 종류가 다르다. 산간지방과 해안지방의 산물이 다르고, 봄, 여름, 가을, 겨울 계절마다 산물이 다르다. 주식을 보더라도 북쪽에서는 논농사보다 잡곡이 많으며 질이 좋아 조밥, 감자밥, 서미밥 등을 주로 먹었고, 남쪽에서는 쌀밥과 보리밥을 주로 해 먹었다.

반찬으로는 산간지방에서는 산나물, 장아찌류, 마른반찬류, 말리거나 절인 생선류 등을 이용하였고 바닷가 근처의 지방에서는 생선류, 해초류, 어패류 등을 주로 이용하였다.

설날에도 북쪽에서는 뼈를 고아 만둣국을 주로 만들어 먹었고, 남쪽에서는 쇠고기나 멸치장국에 떡국을 끓여 먹었다.

김치 담글 때에도 북쪽에서는 양념을 적게 하고, 맑고 시원하게 하여 국물을 많이 만들어 먹었고, 남쪽에서는 젓갈을 이용하여 짜고 맵게 하여 따뜻한 기온에 저장이 오래 갈 수 있게 만들어 먹었다.

향토음식은 이와같이 지역에 따라, 기후에 따라 특성에 맞게 발달하게 되었고 다른 지역과는 차별화되어 있어서 지역민들에게도 기호가 다르게 형성되었다. 근대에 와서 농작 기법이 발전되고 저장 기법이 좋아지면서 교통의 발달과 함께 차별성이 점차 좁아들고 있다. 또한 지구상의 기후 변화와 함께 이상 현상이 생겨 산물의 변화가 조금씩 나타나고 있다.

이와같이 제철 식품의 경계가 희미해지면서 향토음식에도 변화의 속도가 느껴지고 있다.

독창성

향토음식은 그 지역만의 고유한 조리법이 형성되어 대표음식으로 정착된 음식이 있다. 황태는 강원도의 대관령, 진부령을 중심으로 고원지대에 위치하기 때문에 영하 10℃ 이하에서 얼었다 녹았다 하기를 4개월 이상 하게 된다. 이런 과정을 거치면서 노랗고 부드러운 황태가 만들어지고 황태를 이용한 음식이 전국에서 사랑받고 있다.

조기는 법성포의 질 좋은 소금과 법성포의 환경이 적당하기 때문에 질 좋은 굴비가 탄생하게 된다. 기온은 1.5도, 습도 75.5%, 풍속 4.8미터의 기상 조건과 서해에서 불어오는 하늬바람의 영향으로 건조조건이 다른 지역보다 월등히 좋아 질 좋은 조기가 탄생된다.

의례성

지역의 여러 가지 문화적 환경을 통하여 발달해 온 음식을 의례성이 있는 향토음식이라 한다. 고장마다 풍속이나 의례 행사가 이어져 오면서 자리 잡아 특별한 의미를 지닌 음식을 말한다.

설렁탕은 조선시대에 농경위주의 생활을 하면서 선농단에서 왕이 직접 밭을 가는 행사를 하며 농사가 잘 되기를 기원하는 행사를 하였다. 행사를 마치면 소를 잡아 가마솥에 끓여 사람들에게 나누어 먹이면서 선농단이 설렁탕으로 부르게 된 유래가 있다. 이와같이 의례 행사를 하면서 먹어온 향토음식이 있다.

50년 전만해도 지방의 지방색이 고유하게 유지되어 오고 있었지만 경부고속도로가 생기면서 한반도가 1일 생활권에 들어오고 산업이 급격하게 발전되면서 다른 지방간의 교류가 활발해 지고 있다. 따라서 물적인 교류와 인적인 교류 역시 활발하게 늘어나게 되고 지방의 산물이 전국 곳곳에 배달되는 것이 가능해 지게 되었다.

향토음식으로 성공한 메뉴를 보면 이천 쌀밥, 전주 비빔밥, 춘천 닭갈비, 마산 아귀찜, 제주 흑돼지 등 다양한 메뉴가 지역 관광의 활성화를 가져오고 있다.

향토음식이 활성화되어 관광산업의 증대와도 밀접한 연계가 되고 있다. 이와같이 관광객의 관심을 끄는 요소 중의 하나가 향토음식을 들 수 있으며 이는 관광객의 증가와 함께 지역 경제 활성화에 많은 기여를 하고 있다.

한국음식의 발전은 지역의 향토음식을 전승하고 발전시켜 우리 국민 뿐 아니라 세계인이 기억할 수 있는 음식문화로 자리매김 할 수 있도록 많은 연구가 필요한 실정이다.

제2부
지역의 향토음식

1. 서울 지방

서울은 한반도의 중앙부에 있는 수도로 조선의 600년 도읍지이며 전국 각 지역의 다양한 식재료가 모두 모이는 곳이다. 또한 정치 · 경제 · 문화 · 교통의 중심지이다. 동쪽으로는 남양주시, 구리시, 하남시 등이 자리 잡고 있고, 서쪽으로는 고양시, 김포시, 부천시 등이 있으며, 남쪽으로는 성남시, 과천시, 광명시 등이 있다. 또한 북쪽으로는 의정부시, 양주시 등이 접해 있다.

서울은 우리나라 4대 하천의 하나인 한강 하류에 위치하고 있으며 연평균 기온은 12.1℃이며 연강수량은 1,358mm이고 주로 여름에 집중된다.

서울 음식의 특징은 종류가 다양하고 손이 많이 가는 화려하고 격조 높은 음식이 많다. 음식의 간은 세지도 싱겁지도 않은 정도로 하고 깔끔한 맛을 보인다. 서울지방은 지역 자체적으로 생산되는 식재료는 많지 않지만 각 지역에서 나는 좋은 식재료가 모이기 때문에 다양하고 격조 있는 음식을 만들어 먹었다.

궁중음식은 상호간의 교류에 의해서 양반집에 전해지기도 하고 서민들이 먹는 음식도 궁중으로 들어가 재료나 정성을 더해 만들어지기도 하였다.

주 식	장국밥, 비빔국수, 국수장국, 떡국, 잣죽, 흑임자죽
찬 류	설렁탕, 육개장, 선지국, 각색전골, 구절판, 잡채, 신선로, 갈비찜, 불고기, 너비아니, 탕평채, 어채, 도미찜, 장김치, 육포
병과류	약식, 두텁떡, 매작과, 식혜, 배숙

2. 경기도 지방

경기도 지방은 서울을 중심으로 동서남북으로 광범위하게 자리하고 있다. 서해안 지역은 바다와 접하고 있어 해산물이 풍부하고, 북쪽지역은 산간지대가 많아 다양한 산나물과 밭작물이 많다. 남쪽지역은 벼농사와 밭농사가 고루 생산되어 농수산물이 풍부한 지역이다.

옛 고려의 도읍지인 개성이 있어 정성이 많이 들어가고 화려한 음식이 사치스러울 정도이다. 그러나 개성을 제외한 지역에서는 비교적 소박하고 간은 세지도 약하지도 않은 편이다. 중간정도의 간을 하고 양념도 많이 쓰지 않으며 구수함을 즐기는 편이다.

북쪽으로는 황해도와 접해 있고 동쪽으로는 강원도가 접해 있으며, 남쪽으로는 충청도와 접해 있어서 식재료와 음식이 같은 것이 많다. 곡식을 이용하여 잡곡밥을 만들고 국수를 즐겼다.

주 식	소랭이떡국, 개성편수, 오곡밥, 메밀칼싹두기, 수제비
찬 류	개성닭젓국, 민어탕, 종갈비찜, 홍해삼, 개성 무찜, 소갈비구이, 메밀묵무침, 장떡, 용인외지, 이천 게걸무김치, 개성 보쌈김치, 순무김치
병과류	여주산병, 우매기, 수수부꾸미, 인삼정과, 개성약과, 송화다식

3. 강원도지방

강원도는 우리나라 북동부에 있으며 산지가 90% 이상을 차지하는 지역이다. 태백산맥을 중심으로 동쪽은 동해안을 끼고 강릉, 속초 등의 영동지방이 있고 서쪽으로는 춘천, 원주, 화천, 홍천, 횡성, 정선 등의 영서지방이 있다. 영서지방은 지형이 완만하며 협곡과 분지가 발달되어 있으며 생산되는 농작물은 감자, 옥수수, 메밀 등으로 다른 지방의 산물보다 맛이 뛰어나 이를 이용한 음식이 발달하였다.

영동지방은 태백, 삼척, 동해, 강릉, 양양, 속초, 고성 등으로 급경사가 많으며 긴 해안이 형성되었다. 이 지역은 논농사보다 밭농사가 발달 되었으며 바다와 접해 있어 다양한 해산물을 이용한 음식을 즐겨 먹었다. 감자, 옥수수, 메밀 등이 생산되며 산에서 채취하는 산채나물은 구황식물로 이용되기도 했다. 해안지역에서는 오징어, 명태, 가재미 등의 해산물이 많아 황태, 마른 오징어, 명란젓, 창란젓 등의 음식을 즐겼다. 대관령과 같이 높은 지대에서는 감자, 배추, 무 등의 고랭지 채소의 재배와 목축업이 발달하였다.

강원도 지방은 북위 37°와 38°사이의 중위도 온대성 기후에 위치해 있다. 여름에는 고온다습하고 겨울에는 한냉 건조한 대륙성 고기압의 영향으로 춥고 건조하다.

강원도 지방의 음식은 바닷가와 산간지대에서 생산되는 물고기, 곡식, 산나물로 만들어지는 음식이 대부분이다. 벼농사에는 토질이 적합하지 않아 곡식으로 옥수수, 메밀, 조, 차조 등이 재배되어 잡곡밥이 기본을 이루고 있다. 동해를 끼고 육류보다는 신선한 생선이 많이 잡혀 회를 먹거나 말려 먹는 음식이 발달하고 이를 가공한 건오징어, 건미역, 명란젓, 창란젓을 잘 담갔다.

음식은 사치스럽지 않고 극히 소박하고 먹음직스럽다. 조리법은 비교적 간단하며 자연의 맛을 살려서 만들었다.

주 식	강냉이밥, 옥수수범벅, 감자밥, 곤드레나물밥, 춘천막국수, 올챙이국수, 감자옹심이
찬 류	도토리묵사발, 황태구이, 춘천닭갈비, 오징어순대, 더덕구이, 감자부침, 곰취나물, 문어숙회, 명이장아찌, 명태식해
병과류	감자송편, 메밀총떡, 방울증편, 송화다식, 잣박산, 옥수수엿

4. 충청도 지방

충청도는 한반도 중부의 남쪽에 위치하고 하고 있으며 남한강 유역에는 단양, 제천, 충주, 음성, 진천이 위치하고 있고, 금강 유역에는 청주, 청원, 보은 등이 있어 북방문화와 남방문화가 함께하는 곳이다.

정치 · 경제 · 문화 · 교통의 중심지인 청주, 공주, 대전은 같은 문화권을 형성하고 있다. 충청북도는 우리나라에서 유일하게 바다와 접하지 않고 있는 내륙으로 태백산맥, 소백산맥, 차령산맥으로 차단된 분지형태를 이루고 있으며 우리나라에서는 보기 드문 대륙성기후의 특징을 나타내고 있다. 충청북도와 충청남도 사이는 금강을 경계로 하고 있지만 광활한 평야의 영향으로 동질의 지역성을 형성하고 있다.

충청도 지방은 서쪽으로 바닷가를 접하고 있으며 해안선이 복잡하고 넓은 개펄이 있어 조개와 해산물이 다양하다. 또한 비옥한 농지가 있어 곡류 생산이 많고 밭작물이 풍성하며 소백산맥 자락이 있어 다양한 산채와 버섯이 있다.

충청도는 대표적인 온대지역으로 우리나라에서 중간적인 기후특성을 가지고 있다. 충청도의 기후는 온화하며 대륙성 기후로 겨울에는 동해안보다 추울 때가 있고 해안지대에는 적설량이 많은 것이 특징이다. 서해안과 내륙지방의 기온차가 2℃ 정도 나고 강우량은 금강유역과 태안반도 지방이 많은 편이다. 충청도의 음식은 맛이 순하며 소박한 인심을 닮아 꾸밈이 없는 편이다.

주 식	보리밥, 굴밥, 날떡국, 인삼어죽, 호박범벅
찬 류	올갱이국, 빠금장찌개, 새뱅이찌개, 게국지, 밀국낙지탕, 다슬기국, 올갱이국, 도리뱅뱅이, 말린묵 볶음, 도토리묵 무침, 호박고기적, 위어회, 어리굴젓
병과류	곤떡, 쇠머리떡, 곤떡, 해장떡, 햇보리떡, 도토리떡, 약편, 소곡주, 구기자차

5. 전라도 지방

전라도는 한반도의 서남쪽에 위치하고 있으며 이 지역의 대표적인 전주와 나주의 이름에서 붙여진 이름이다. 동쪽으로 소백산맥이 있어 영남지방과 경계를 이루고 있고 북으로는 금강이 충청도와 경계를 이루고 있다. 전라도는 호남지방이라 불리며 2천여 개의 많은 섬으로 이루어져있다.

비옥하고 넓은 평야, 서해와 남해를 끼고 있는 넓은 바다, 높은 산악지대의 지리적 특성을 갖춘 전라도 지역은 사계절 내내 다양한 식재료가 생산되고 있다.

전라도 지방은 넓은 호남평야의 풍부한 곡식과 서해, 남해를 끼고 다양한 해산물이 많다. 또한 조선 왕조 이씨의 본관인 전주와 각 고을마다 부유한 토속세력이 있어 음식에 정성이 많이 들어가 있고 사치스러울 정도로 유별난 음식이 많다. 다양한 식재료를 이용하여 조리법이 다양하고 고명이 매우 화려하며 정성이 많이 들어간 음식이 많다. 각 고을 마다 부유한 지방 유지들이 대를 이어 살면서 어느 지방에서도 흉내 낼 수 없는 멋과 맛이 들어 있다. 전라도 지방은 상에 올라오는 음식의 가짓수가 많아 호남의 넉넉한 인심을 그대로 보여주고 있다.

전라도의 연평균기온은 군산이 12.8℃, 광주가 13.8℃, 여수가 14.3℃로 남쪽으로 내려갈수록 눈에 띄게 높은 온도를 보이고 있다. 해안지방에는 안개가 자주 발생하며 겨울철에는 차가운 대륙성 고기압이 확장되어 눈이 자주 내리고 폭설로 이어지는 경우가 많다.

이 지방은 기후가 따뜻하여 음식의 간이 센 편이고 젓갈과 고춧가루를 많이 넣어 음식이 맵고 짜고 자극적인 편이다.

주 식	전주비빔밥, 콩나물국밥, 대통밥, 백합죽, 오누이죽, 피문어죽
찬 류	순창고추장, 추어탕, 나주곰탕, 낙지연포탕, 매생이국, 머위들깨탕, 홍어찜, 홍어삼합, 죽순찜, 장어구이, 떡갈비구이, 꼬막무침, 죽순회, 세발낙지호롱, 영광굴비, 고들빼기김치, 돌산갓김치
병과류	수리취떡, 감단자, 모시잎떡, 유과, 진도홍주

6. 경상도 지방

경상도는 한반도의 가장 오른쪽에 있으며 대표적인 도시인 경주와 상주 두 지방의 글자가 합해져서 붙여진 이름이다. 경상북도는 포항시, 안동시, 경주시, 구미시, 김천시 등 10개 시와 13개 군으로 이루어져 있고, 경상남도는 거제시, 사천시, 진주시, 창원시, 통영시 등 8개 시와 10개 군으로 이루어져 있다. 동해와 남해를 끼고 있고 낙동강 물줄기를 따라 남강, 황강, 밀양강, 양상천 등의 하천이 발달되어 있어 물이 풍부하고 기름진 평야가 있어 넉넉한 농작물이 생산된다. 남해에는 리아스식 해안이 발달되어 있으며 약 4천개의 크고 작은 섬이 있다. 우리나라에서 두 번째로 큰 거제도와 네 번째로 큰 남해도가 위치해 있어 싱싱한 해산물이 풍부하다. 경상도 울릉군에 있는 독도는 동도와 서도가 있고 주변에 89개의 부속도서와 암초들로 이루어진 화산섬이다. 독도 인근에는 한류와 난류가 만나 황금어장을 이루고 있으며 생물체와 해산물이 풍부한 것이 특징이다.

경상도는 대부분 산맥이 둘러싸고 있어 겨울과 여름의 기온 차가 크고 강수량이 적은 것이 특징이다. 연평균 기온은 14.8℃로 지역에 따라 5℃ 정도의 기온차를 보이고 있다. 남부내륙 지역이 높고 북부와 동해안 지역이 낮은 편이다. 연 평균 강수량은 900~1,300㎜로 대구는 여름에 매우 덥고 비가 적게 오지만, 울릉도는 해양성 기후 영향으로 여름에는 시원하고 겨울에는 온난한 특수한 기후를 나타내고 있다. 강수는 여름에 집중하여 내리고 겨울에는 가뭄이 잦은 편이다.

해안가에서는 싱싱한 생선으로 여러 가지 물회를 만들어 먹고 장국 육수도 고기 보다는 멸치나 조개류를 많이 이용하고 고래 고기나 상어 고기도 즐기는 편이다. 고래 고기는 불포화지방산이 풍부하여 경상도 지역에서는 제사상에 올리기도 하는 유명한 음식이다.

경상도는 가야 문화와 신라 문화, 선비들의 유교 문화 등이 조화를 이루어 민족문화의 자긍심이 높은 지방이다. 지리적 영향과 교통의 불편함으로 외부문화의 유입이 늦은 편이어서 지방이나 종가의 고유한 문화가 잘 보존되어 있다.

경상도 음식은 유교문화의 영향으로 음식이 사치스럽지 않고 투박하며 소담하게 만들어진다. 음식은 얼얼하도록 맵고 간은 센 편으로 투박하지만 칼칼하고 감칠맛이 있는 것이 특징이다.

주 식	진주비빔밥, 통영비빔밥, 헛제삿밥, 멍게비빔밥, 충무김밥, 굴떡국, 안동칼국수
찬 류	재첩국, 아귀찜, 미더덕찜, 동래파전, 배추전, 돔배기적, 과메기쌈, 명이장아찌, 안동식혜
병과류	만경떡, 쑥굴레, 잡과편, 유자화채, 안동소주, 과하주

7. 제주도 지방

제주도는 한반도의 남해상에 위치해 있고 제일 남단에는 마라도가 있다. 한라산은 화산활동의 결과로 만들어져 방패모양을 하고 있으며 동서길이 73km, 남북길이 31km로 이루어져 있다. 중심에 백록담 화구를 갖고 있으며 동서로는 3~5°의 매우 완만한 경사이며 남북으로는 5° 정도로 약간 급한 경사를 이루고 있다. 우리나라에서 제일 큰 섬으로 독특한 생활방식으로 음식 문화가 형성 되어졌다.

제주도의 기후는 아열대성 기후권으로 연중 온난 습윤한 해양성 기후 특성을 보인다. 연평균 기온은 11.7℃로 서귀포 지역이 가장 높고 한라산 정상이 가장 낮은 온도를 보인다. 제주도의 기온이 영하로 내려가는 날 수는 17일 정도로 겨울이 짧고 온난한 편이다. 하지만 여름은 길고 더운 편이지남 해양의 영향으로 고온으로 올라가지는 않는다. 가장 더운 8월에도 26℃ 내외로 타 지역보다 약 3℃ 정도가 낮게 나타나고 있다.

연평균 강수량은 2.044mm로 한반도에서 가장 비가 많이 오는 곳이다. 특히 한라산 남동지역은 여름철 강수량이 최대가 되는데 해양 습기가 확산 될 때 한라산이 막아 주는 역할을 하기 때문이다. 봄장마는 '고사리장마' 라 하여 고사리가 쑥쑥 자라는데 도움을 준다.

제주도는 돌, 바람, 여자가 많다고 하여 삼다(三多)의 섬이라 하는데, 바람이 강한 지역은 겨울철 계절풍의 영향으로 북서해안지역이다. 북태평양에서 발생한 태풍은 제주가 통과지역이 되고 있다.

제주는 논농사 보다는 밭농사가 발달하였고 어촌은 고기잡이뿐 아니라 해녀들의 잠수 어업으로 해산물을 얻고, 한라산을 중심으로 산촌에서는 산을 개간하여 버섯, 산나물을 채취하였다. 밭농사는 콩, 보리, 조, 메밀, 녹두 등이 많이 생산되며 이를 이용한 음식을 만들어 먹었다. 제주도는 감귤이 중요한 산물 중 하나인데 삼국시대부터 재배한 것으로 알려진다. 또한 전복은 임금에게 올렸던 진상품으로 진귀한 특산물 중의 하나이다.

제주도는 육지와 다르게 제주도만의 독특한 조리법이 이어져 오고 있다. 반찬을 만드는데 여러 가지 재료를 쓰지 않는 편이며 음식의 장식이 단순하여 고명을 곁들이려는 노력을 하지 않는 편이다. 또한 양념이나 향신료의 사용이 별로 없고 조리 시간이 비교적 짧으며 간이 짜다는 것이다.

주 식	전복죽, 옥돔죽, 깅이죽, 성게죽
찬 류	옥돔구이, 옥돔미역국, 모자반국, 성게미역국, 전복죽, 고사리전, 갈치 호박국, 오분자기찜, 돔배고기, 한치물회, 자리젓, 성게젓
병과류	빙떡, 상애떡, 오메기떡, 밀감화채

8. 황해도 지방

황해도는 한반도의 중부지대의 서쪽에 위치한 북한의 도이다. 북쪽으로는 평안남도, 북동쪽으로는 함경남도, 동쪽으로는 강원도, 남쪽으로는 경기도와 접하고 있고 서쪽에 황해가 있다. 재령강, 예성강, 대동강이 접하고 있으며 북한지방의 곡창지대로 연백평야와 재령평야가 있어 질 좋은 쌀이 생산되고 있다. 따라서 사람들의 인심이 좋고 풍부한 농산물로 생활이 넉넉한 편이다. 또한 비교적 관개시설이 갖추어져 있어서 벼농사 생산량을 좋게 하고 경지율이 34% 정도가 된다. 주요 작물은 조, 기장, 수수, 콩, 팥, 밀 등이다.

해안선의 수심이 얕고 난류와 한류가 교차하여 양식에도 알맞은 조건을 갖고 있다. 대표적인 수산물은 조기로서 최대의 조기 어장으로 꼽힌다. 그 외에도 멸치, 전어, 숭어, 명태 등의 어류와 김, 다시마, 미역 등의 양식도 하고 있다. 동서로 횡단하는 산맥으로는 언진산맥 · 멸악산맥 · 마식령산맥이 있다. 북한에서는 유명한 명승지로 꼽히는 몽금포 해안가와 장산곶지구가 있다.

황해도는 대체적으로 냉대하계고온기후에 속하며 내륙에 산지들이 복잡하게 형성되어 있어 대륙성 기후와 해양성 기후의 특징이 있다. 연평균기온은 10.1℃로 북한에서는 높은 편으로 1월 평균 기온이 −5℃에서 −8℃로 경기도 지방보다 약간 낮은 편이다. 7월의 평균 기온은 24~25℃로 우리나라의 다른 지방과 차이가 없지만 연교차는 경기지방보다 크게 나타나고 있다.

강수량은 지역에 따라 차이가 크게 나타나고 있는데 멸악산맥 위쪽의 서북부 지방은 700~800mm로 북한의 최과우 지역 중 하나이며 6월에서 8월에 전체의 70%가 내려 수해의 위험이 큰 지역이다.

음식은 대체로 양이 풍부하고 음식에 기교를 부리지 않아 소박하게 만드는 것이 특징이다. 음식의 간은 짜지도 싱겁지도 않으며 김치는 맵지 않고 시원하게 만들어 국물을 넉넉히 하는 편이다.

황해도는 고려의 도읍지인 개성이 있어 고려풍의 궁중음식이 많이 남아 있다.

음식은 미나리과의 고수와 분디를 사용하는데 배추김치에도 고수를 사용하고, 호박김치에는 분디를 넣기도 한다.

주 식 해주비빔밥, 남매죽, 잡곡밥, 호박만두

찬 류 김칫국, 조기국, 행적, 개성장떡, 연안식해, 호박김치, 백김치, 고수김치

병과류 오쟁이떡, 잡곡부치개, 닭알떡, 개성경단

9. 평안도 지방

평안도는 고조선이 건국 된 곳이며 고구려의 도읍지인 평양이 있는 곳이다. 흔히 관서지방이라 부르며 관서는 '철령관' 서쪽에 있다고 하여 붙여진 이름이다. 평안도는 평양과 안주의 글자를 따서 만든 지명이다. 서쪽으로는 중국과 접해 있어 교류가 빈번하여 평안도 사람들의 성격도 진취적이고 대륙적이다. 북쪽에는 산지가 많으며 개마고원은 화산활동이 활발했던 땅으로 용암대지 지형이다. 개마고원 일대는 우리나라 최대의 삼림지역으로 추운 날씨 때문에 침엽수림이 주를 이룬다. 중강진 지역은 우리나라에서 제일 추운 지역이다.

서쪽으로는 평야가 넓어 곡식이 많이 생산되며 황해와 접해 있어 해산물이 풍부하다.

평안도는 기질이 대륙적이어서 음식이 큼직하고 푸짐하게 하여 먹음직스럽게 만들었다.

겨울이 길고 추워 기름진 음식을 즐겨 먹었으며 콩, 녹두, 메밀로 만든 음식이 많다. 이 지역은 가지가 많이 생산되어 가지김치, 가지나물 등의 음식을 만들어 먹었다.

간은 싱겁지도 않고 맵지도 않은 편이다.

주 식	온반, 닭비빔밥, 평양어죽, 온면, 만둣국, 평양냉면, 굴린만두
찬 류	숭어국, 어복쟁반, 초계탕, 콩비지탕, 녹두지짐, 백김치, 동치미, 가지김치
병과류	노티, 송기떡, 꼬장떡, 골미떡

10. 함경도 지방

함경도는 한반도의 가장 북쪽에 위치하고 있으며 백두산과 개마고원이 있는 험준한 산악지대로 논농사 보다는 밭농사가 많다. 기후가 낮은 편으로 밭곡식이 많아 잡곡의 생산량이 많으며 품질이 좋고 맛이 구수하다. 이 지방은 주식이 기장, 조등의 잡곡밥을 주로 먹고 고구마나 감자의 품질이 좋아 녹말을 내서 국수를 만들어 먹었다.

함경도는 산악지대와 내륙지방, 해안지대의 기온차가 크다. 산악지대는 한량 건조한 대륙성기단의 영향이 많아 여름에도 서늘한 편이다. 내륙지방은 대륙에 접해 있고 주변에 있는 높은 산지 때문에 겨울에 몹시 춥고 여름에는 서늘하다. 해안지대는 동해안에 접해 있어 여름에는 서늘하며 강수량이 많다. 함경도의 연평균 기온은 7~8℃로 1월에는 -10℃에서 -14℃, 8월에는 20℃~22℃이다. 연평균 강수량은 500~700mm로 강수량이 매우 적은 편이다.

함경도는 우리나라에서 가장 추운 지방으로 영하 40℃까지 내려가기도 하여 겨울 김장을 11월 초순부터 한다. 기온이 낮기 때문에 새우젓이나 멸치젓 등의 젓갈을 많이 쓰지 않고 소금을 주로 사용한다. 동태나 대구 등의 담백한 생선을 배추김치 포기 사이에 넣고 김치를 하고 국물을 넉넉히 넣는다. 겨울에는 동치미 항아리를 땅에 묻어 살얼음과 함께 물냉면을 말아 먹기도 한다.

함경도는 동해 바다와 접해 있는데, 동해바다는 세계적으로 큰 어장으로 담백한 생선이 많아 명태, 청어, 대구, 연어 등의 해물이 풍부하다. 이러한 생선을 이용하여 저장성이 좋은 식혜나 젓갈을 만들어 먹었다.

음식의 모양은 큼직하고 시원스러우며 기교를 부리지 않은 투박한 모양새를 하고 있다. 음식의 간은 담백한 편이지만 생선을 맵게 회로 무쳐 냉면에 얹어 먹기도 했다. '다대기'라는 말도 이 곳에서 나온 말로 고춧가루에 여러 가지 양념을 하여 만든 것이다. 겨울에는 동치미를 담가 땅에 묻어 살얼음을 섞어가며 즐기기도 했다.

주 식	잡곡밥, 닭비빔밥, 함흥냉면, 옥수수죽, 감자막가리만두
찬 류	원산해물잡채, 북어전, 콩부침, 아바이순대, 동태순대, 가지미식해
병과류	오그랑떡, 언감자떡, 꼬장떡, 들깨강정, 콩엿강정

제3부

향토음식 만들기

조랭이 떡국

재료

멥쌀가루 3컵, 물 3큰술, 쇠고기(우둔살) 50g, 육수 7컵, 달걀 1개, 꼬치 1개

고기양념 : 간장 1작은술, 다진 파 $\frac{1}{2}$작은술, 다진 마늘 $\frac{1}{4}$작은술, 깨소금 $\frac{1}{4}$작은술, 참기름 $\frac{1}{4}$작은술, 후춧가루 $\frac{1}{8}$작은술

육수 : 쇠고기(양지머리) 200g, 물 10컵, 국간장 1작은술, 소금 1작은술

만드는 법

1. 멥쌀가루에 물을 넣고 체에 내린 후 찜솥에 젖은 면보를 깔고 멥쌀가루를 넣어 15분간 찌고 5분간 뜸을 들인다.
2. 찐 떡을 절구에 넣어 방망이로 친 다음 지름1~1.5cm 정도가 되도록 가래떡을 만든다. 도마 위에서 대나무 칼을 이용하여 누에고치 모양으로 만들어 조랭이떡을 만든다.
3. 쇠고기는 가로 1cm×세로 5cm 두께 0.2cm 정도로 썰어서 고기 양념을 한다.
4. 양념한 고기를 꼬치에 꿴 다음 팬에 기름을 두르고 고기산적을 굽는다.
5. 달걀은 황, 백으로 나누어 소금을 넣고 지단을 부친 후 1.5cm 크기의 마름모 모양으로 썬다.
6. 냄비에 육수를 넣고 끓어 오르면 국간장으로 색을 내고 소금으로 간을 하여 조랭이떡을 넣는다.
7. 떡국을 그릇에 담고 고기산적과 달걀지단을 고명으로 얹는다.

TIP

* 황백지단은 채를 썰어 고명으로 올리기도 한다.
* 조랭이떡은 시중에 판매되는 것을 이용하기도 한다.
* 조랭이는 누에고치의 실처럼 한 해의 일이 술술 잘 풀리기를 바라기도 하고, 조롱박 모양이 액막이를 한다 하여 끓여 먹기도 했다.

편수

재료

다진 쇠고기(우둔) 150g, 표고버섯 3장, 숙주 200g, 애호박 $\frac{1}{2}$ 개, 소금 $\frac{1}{4}$ 작은술, 잣 1큰술, 달걀 1개, 미나리 15g, 밀가루 $\frac{1}{2}$큰술, 식용유 1큰술

양념장 : 간장 1큰술, 설탕 1작은술, 다진 파 1작은술, 다진 마늘 $\frac{1}{2}$작은술, 후춧가루 $\frac{1}{8}$작은술, 깨소금 1작은술, 참기름 1작은술

육수 : 쇠고기(양지머리) 200g, 파 40g, 마늘 20g, 물 7컵, 국간장 1작은술, 소금 $\frac{1}{2}$작은술

만두피 반죽 : 밀가루 2컵, 소금 $\frac{1}{2}$작은술, 물 10큰술

초간장 : 간장 1큰술, 식초 1큰술, 물 1큰술, 잣가루 $\frac{1}{2}$큰술

만드는법

1. 다진 쇠고기와 불린 표고버섯은 채 썰어 양념장을 나누어 각각 양념하여 볶는다.
2. 숙주는 꼬리를 떼고 2분 정도 데치고, 애호박은 채 썰어 소금에 10분 정도 절인 다음 식용유를 두르고 볶아 식힌다.
3. 쇠고기, 표고버섯, 숙주, 애호박을 함께 넣고 섞어 편수 소를 만든다.
4. 잣은 면보로 닦고 고깔을 뗀다.
5. 달걀은 황백지단을 부치고, 미나리는 초대를 부쳐 길이 2㎝ 정도의 마름모꼴로 썬다.
6. 육수용 쇠고기는 핏물을 닦고 물을 부어 20분 정도 끓이다가 파, 마늘을 넣고 30분 더 끓인다. 국간장과 소금으로 간을 한다.
7. 밀가루에 소금과 물을 넣고 반죽하여 두께 0.2㎝ 정도로 밀어 펴서, 가로×세로 7㎝ 정도의 정사각형으로 잘라 만두피를 만든다.
8. 만두피 가운데에 편수 소를 놓고 잣을 2개씩 넣은 다음 네 귀를 한데 모아 붙여서 네모지게 편수를 만든다.
9. 찜기에 물을 붓고 김이 오르면 젖은 면보를 깔고, 편수를 얹어 10분 정도 찐다.
10. 그릇에 편수와 육수를 넣고, 황백지단과 미나리 초대를 올려 초간장과 함께 낸다.

TIP

* 편수는 쪄서 육수 없이 초간장과 함께 내기도 한다.
* 편수는 물 위에 조각이 떠 있는 모양을 하고 있어 붙여진 이름이다.

설렁탕

재료

사골 1개, 쇠족 1개, 도가니 1개, 양지머리 300g, 사태 300g, 물 20ℓ , 대파 4뿌리, 마늘 1통, 생강 1톨, 소금 2큰술, 후춧가루 $\frac{1}{8}$작은술, 밥 , 소면 100g

만드는 법

1. 사골, 쇠족, 도가니를 토막 내어 찬물에 3시간 정도 담가 핏물을 빼서 건진다. 양지머리, 사태는 덩어리째 씻는다.
2. 솥에 분량을 물을 붓고 사골, 쇠족, 도가니를 넣어 끓어오르면 불을 약하게 하고 대파, 마늘, 생강을 크게 썰어 넣어 4~5시간 정도 끓인다.
3. 국물이 우러나면 양지머리와 사태를 덩어리째 넣어 약불에서 2시간 정도 푹 끓인다.
4. 국물이 우러나면 쇠족과 도가니에 붙어 있는 고기는 발라내고, 양지머리와 사태는 건져서 편육으로 썬다.
5. 소면은 끓는 물에 삶아 찬물에 3번 씻어 사리를 만든다.
6. 대접에 밥과 삶은 소면을 담고 위에 고기를 얹은 후 설렁탕 국물을 붓고 송송 썬 파와 후춧가루를 얹어 낸다.

TIP

- ⋆ 설렁탕은 선농단에서 행사를 끝내고 소를 잡아 끓여 노인들을 불러 먹인 데서 유래되어 붙여진 이름이다.
- ⋆ 설렁탕은 곰탕에 비해 뼈를 많이 넣어 국물이 뽀얗다.

청진동해장국

재료

쇠뼈 1㎏, 물 20컵, 소내장(양) 300g, 선지 3컵, 소금 1작은술, 우거지 300g, 된장 5큰술, 국간장 3큰술, 다진 마늘 3큰술, 다진 파 2큰술, 후춧가루 $\frac{1}{8}$작은술

향채 : 파 2뿌리, 마늘 30g, 생강 20g

만드는 법

1. 쇠뼈는 찬물에 담가 핏물을 뺀 다음 끓는 물에 데치고, 물을 부어 4시간 정도 끓이다가 향채를 넣고 1시간 더 끓인다.
2. 소의 양은 뜨거운 물에 넣었다가 검은색 껍질을 벗긴다.
3. 선지는 끓는 물에 소금을 넣고 한 국자씩 떠 넣어 약불에 20분 정도 삶은 다음 찬물에 담갔다가 건진다.
4. 우거지는 데쳐서 찬물에 헹군 후 물기를 짜고 5㎝ 길이로 썰어 국간장과 다진 마늘, 다진 파를 넣고 양념한다.
5. 쇠뼈국물이 충분히 우러나면 뼈를 건져내고 손질해 둔 양을 넣고 끓인다.
6. 양을 꺼내 먹기 좋은 크기로 썰고, 육수에는 된장을 푼다.
7. 육수가 끓으면 썰어 둔 양과 삶은 선지, 우거지를 넣고 끓여서 국간장과 소금으로 간을 맞춘다.

TIP

* 해장국은 속을 풀어주는 국으로 청진동 해장국은 된장과 우거지를 넣어 시원하고 맑게 끓인 선지국이다.
* 깍두기를 곁들여서 먹으면 맛있다.

개성무찜

재료

무 200g, 돼지갈비 200g, 쇠고기(사태) 200g, 닭고기 200g, 은행 5개, 밤 2개, 대추 3개, 잣 1작은술

양념장 : 간장 6큰술, 설탕 3큰술, 다진 파 2큰술, 다진 마늘 1큰술, 깨소금 1큰술, 생강즙 1작은술, 후춧가루 $\frac{1}{4}$작은술, 참기름 1큰술

만드는 법

1. 냄비에 물을 붓고 끓으면 무를 넣고 1분 정도 데치고, 돼지갈비 · 쇠고기 · 닭고기를 넣어 2분 정도 튀한다.
2. 냄비에 데친 돼지갈비 · 쇠고기를 넣고, 양념장의 $\frac{2}{3}$량을 넣어 30분 정도 두었다가 물을 붓고 중불로 20분 정도 끓인다.
3. 국물이 반으로 줄어들면 무 · 닭고기 · 밤 · 나머지 양념장$\frac{1}{3}$을 넣어 20분 정도 더 끓인다.
4. 고기가 다 익으면 은행 · 대추 · 잣을 넣고 국물을 끼얹으며 윤기 나게 5분 정도 더 조린다.
5. 국물이 자작해지면 그릇에 담고 잣을 얹는다.

TIP

* 개성지방에서 많이 먹는 음식으로 여러 가지 육류와 무가 들어간다.
* 개성무찜을 할 때는 중불에서 서서히 익혀야 부드럽다.
* 닭고기는 나중에 넣어야 부서지지 않는다.

용인오이지

재료

오이 50개, 쌀뜨물 4ℓ , 굵은 소금 600g

만드는 법

1. 오이는 꼭지를 다듬어 씻어 항아리에 차곡차곡 담는다.
2. 맑은 쌀뜨물에 소금을 타서 항아리에 붓는다.
3. 다음날 물만 따라 끓인 후 식혀 다시 붓는다.
4. 물만 따라 끓여 붓기를 서너번 반복한다.

TIP

* 예전에는 노각으로 만들기도 했다.
* 용인오이지는 쌀뜨물을 여러번 끓여 부어 맛과 영양이 좋다.

보쌈김치

재료

배추 $\frac{1}{2}$통, 무 200g, 배 $\frac{1}{4}$개, 미나리 50g, 갓 50g, 쪽파 30g, 낙지 $\frac{1}{2}$마리, 밤 4개, 표고버섯 2개, 석이버섯 3장, 대추 3개, 잣 2큰술, 실고추 3g, 마늘 5쪽, 생강 2톨, 굵은 소금 $\frac{1}{2}$컵,

김치 양념 : 고춧가루$\frac{1}{2}$컵, 새우젓 1큰술, 소금 1큰술, 다진 마늘 2큰술, 다진 생강 1작은술

만드는 법

1. 배추는 반 갈라 소금물에 절였다가 씻어 물기를 뺀 후 푸른 잎은 썰어두고 줄기 부분은 2.5×3.5㎝ 크기로 썬다.
2. 무와 배는 배추와 같은 크기로 납작납작 썰어 소금에 절인 후 물기를 뺀다.
3. 미나리, 갓, 쪽파를 다듬어 3㎝ 길이로 썬다.
4. 낙지는 4㎝ 길이로 썰고, 밤은 속 껍질을 벗긴 후 얇게 편으로 썬다.
5. 표고버섯과 석이버섯은 따뜻한 물에 불려 채 썰고, 대추는 돌려 깍아 채 썬다.
6. 잣은 면보로 닦아 고갈을 떼고 실고추는 3㎝ 길이로 자른다.
7. 마늘과 생강은 곱게 채 썬다.
8. 절여 둔 무와 배추에 고추가루를 넣고 버무려 고춧물을 들인 후 재료들을 넣어 버무린다. 낙지는 맨 나중에 넣는다.
9. 보시기에 절인 배춧잎을 2~3장 잘 펴고 버무린 김치를 담은 후 위에 재료들을 하나씩 고명으로 얹은 다음 배춧잎을 차례차례 덮어 항아리에 담는다.
10. 김치를 버무린 양념그릇에 $\frac{1}{2}$컵의 물을 붓고 소금간을 하여 김칫국물을 만들어 넣는다.

TIP

* 개성지방의 김치로 여러 가지 재료가 들어가 영양적으로 우수하고 고급스러운 김치다.
* 보쌈김치는 꺼내 먹기 편하고 남는 찌꺼기가 없다.
* 해물이 들어가므로 항아리를 새로 열게 되면 가능한 빨리 먹는다.

강화순무김치

재료

순무 2㎏, 굵은 소금 3근술, 쪽파 100g

김치 양념 : 고춧가루 1컵, 밴댕이젓국 $\frac{1}{2}$컵, 다진 마늘 4큰술, 다진 생강 2큰술, 소금 1큰술

만드는 법

1. 순무는 다듬어 깨끗하게 씻어서 뿌리 부분은 큼직하게 썰고, 줄기 부분은 4㎝ 길이로 썰어 소금에 살짝 절인다.
2. 쪽파는 다듬어 씻어 4㎝ 길이로 썬다.
3. 밴댕이젓국에 고춧가루, 다진 마늘, 생강을 넣어 김치 양념을 만든다.
4. 절여 놓은 순무에 양념을 넣고 버무려 항아리에 담고, 김치 버무린 그릇에 물과 소금을 넣고 김칫국을 만들어 붓는다.

TIP

- ★ 순무는 겨자과에 속하는 채소로 향이 독특한 강화도의 특산물이다.
- ★ 무의 모양이 삼각형이며 색이 보라색을 띠고 있어 물김치를 하면 색이 곱다.
- ★ '동의보감'에 순무는 '맛이 달고 오장에 이롭고 이뇨와 소화에 좋고 종기를 치료한다.'고 하였다.

개성 우메기

재료

찹쌀 가루 3컵, 멥쌀가루 1컵, 소금 1작은술, 막걸리 5큰술, 설탕 2작은술, 물 3큰술, 소금 1g, 대추 3개, 식용유 3컵

집청 : 설탕 1컵, 물 1컵, 꿀 3큰술

만드는 법

1. 찹쌀 가루와 멥쌀가루에 소금을 넣고 체에 내려 중탕한 막걸리와 설탕을 넣고 반죽한다.
2. 대추는 깨끗이 씻어 살만 돌려 깍은 다음 꽃모양을 만든다.
3. 냄비에 설탕과 물을 붓고 약불에 15분 정도 끓이다가 꿀을 넣고 5분정도 더 끓여 집청을 만든다.
4. 반죽을 40g 정도 떼어 동글납작하게 빚어 가운데를 눌러 들어가게 한다.
5. 튀김냄비에 기름을 넉넉히 붓고 100℃ 정도가 되면 우메기를 넣어 튀기다가 160℃로 올려 갈색이 나도록 뒤집어가며 서서히 튀긴다.
6. 튀겨낸 우메기를 집청에 담갔다 건져서 모양낸 대추로 장식한다.

TIP

* 우메기는 개성지방에서 명절에 해 먹던 떡으로 이삼일까지 쉽게 굳지 않는다.
* 우메기를 튀길 때 한꺼번에 많이 넣고 튀기면 서로 달라붙으므로 많이 넣지 않는다.
* 우메기는 낮은 온도에서 오래 튀기면 딱딱해지므로 온도에 주의한다.

개성 모약과

재료

밀가루(중력분) 2컵, 참기름 3큰술, 식용유 4컵

약과 양념 : 꿀 3큰술, 청주 2큰술, 소금 $\frac{1}{4}$작은술, 생강즙 1큰술, 흰후춧가루 $\frac{1}{8}$작은술, 계핏가루 $\frac{1}{4}$작은술

즙청 : 꿀 1컵, 설탕 1컵, 물 1컵, 통계피 10g

고명 : 잣 1큰술, 호박씨 2g, 대추 2개

만드는 법

1. 밀가루는 참기름을 넣고 고루 비벼서 체에 내린다.
2. 즙청을 만든다.
3. 잣은 고깔을 떼고 호박씨와 함께 면보로 닦고, 대추는 깨끗이 씻어 과육만 돌려 깍은 다음 꽃모양을 만든다.
4. 약과 양념을 만들어 밀가루에 넣고 고루 섞어 가볍게 반죽하여 한덩어리로 뭉친다.
5. 반죽을 밀대로 밀어 펴서, 3번 접은 다음 다시 밀어 두께 0.5㎝ 정도로 평평하게 밀어 편다.
6. 약과 반죽은 가로×세로 3.5㎝ 정도로 잘라, 젓가락으로 4군데 구멍을 낸다.
7. 팬에 식용유를 붓고 기름 온도가 90℃ 정도가 되면 약과 반죽을 넣고 10분 정도 튀긴다.
8. 반죽이 기름 위로 모두 떠오르면 기름 온도를 160℃ 정도로 올려 앞뒷면이 갈색이 되도록 뒤집어 가며 더 튀긴다.
9. 튀겨진 약과는 체에 밭쳐서 기름을 빼고, 즙청에 담가 2시간 정도 둔다.
10. 약과에 잣과 대추 · 호박씨를 고명으로 올린다.

TIP

* 반죽할 때 너무 치대지 말고 가볍게 접듯이 반죽해야, 끈기가 생기지 않고 튀겼을 때 바삭하다.
* 약과는 두께가 두껍기 있어 속까지 잘 익혀야 한다.
* 즙청에 유자청을 넣기도 한다.

백령도 김치떡

재료

찹쌀가루 1컵, 메밀가루 1컵, 밀가루 1컵, 굴 200g, 배추김치 400g, 소금 1작은술, 들기름 2큰술, 반죽물 적당량

만드는 법

1. 찹쌀가루와 메밀가루를 섞어 물로 버물버물 반죽하여 젖은 면보를 깔고 찜솥에 10분 찐다
2. 밀가루와 소금을 물을 더 넣고 반죽한다.
3. 굴은 소금물에 씻어 물기를 빼고 배추김치는 속을 털고 다져 굴과 섞어 소를 만든다.
4. 반죽은 직경 7cm 정도로 둥글게 밀어 소를 넣고 만두 모양을 빚는다.
5. 찜솥에 젖은 면보를 깔고 김치떡을 넣고 15분 찐 후 김이나가면 들기름을 바른다.

TIP

* 백령도 김치떡은 서해안의 백령도 주민들이 간식용으로 즐겨 만들어 먹는 떡이다.
* 신선한 굴과 김치가 어우러져 만두와는 다른 특별한 맛이 난다.
* 만두보다는 두께가 있어야 구수한 맛이 난다.

곤드레나물밥

재료

곤드레나물(마른 것) 20g, 감자 2개, 쌀 2컵, 물 2컵, 들기름 2큰술, 소금 1작은술
양념장 : 간장 4큰술, 부추 20g, 청고추 10g, 홍고추 10g, 깨소금 1큰술, 들기름 1큰술

만드는 법

1. 곤드레나물은 미지근한 물에 4~5시간 불려서 부드럽게 삶아서 씻은 후 물기를 짜고 5cm 길이로 썬다.
2. 곤드레나물을 들기름과 소금으로 조물조물 무쳐 팬에 살짝 볶는다.
3. 쌀은 씻어서 불리고, 감자는 껍질을 벗겨 4등분한다.
4. 밥솥 밑에 볶은 곤드레나물을 깔고 불린 쌀과 감자를 넣고 밥을 짓는다.
5. 밥을 고루 섞어서 푼 다음 양념장과 함께 낸다.

TIP

* 곤드레는 정선지방 사투리인데 국화과의 여러해살이 풀로 고려엉겅퀴라고 한다.
* 곤드레는 향이 짙어 곤드레만드레 취한다 하여 붙여진 이름이다.
* 곤드레는 단백질, 칼슘, 비타민A가 많아 성인병에 좋은 건강식품으로 알려져 있다.

춘천 막국수

재료

메밀면 150g, 무 100g, 오이 $\frac{1}{4}$개, 당근 $\frac{1}{8}$개, 배 $\frac{1}{8}$개, 깻잎 3장, 김 $\frac{1}{2}$장, 삶은 달걀 1개, 육수 1컵

양념장 : 간장 1큰술, 고춧가루 3큰술, 고추장 1작은술, 설탕 1큰술, 매실액 2큰술, 양파 $\frac{1}{4}$개, 사과 $\frac{1}{4}$개, 식초 2큰술, 다진 파 1큰술, 다진 마늘 1큰술, 연겨자 $\frac{1}{2}$큰술, 깨소금 1큰술

만드는 법

1. 무는 어슷썰기 하여 소금에 절여 물기를 제거한다.
2. 오이, 당근, 배는 껍질을 벗겨 가늘게 채 썰고 깻잎과 김도 채 썬다.
3. 분량의 재료를 넣고 믹서에 갈아 막국수 양념장을 만들어 하루 숙성한다.
4. 국수는 끓는 물에 삶아서 냉수에 여러 번 헹구어 소쿠리에 건진다.
5. 국수를 대접에 담고 썰어 놓은 채소와 양념장을 얹고 육수를 부운 후 김과 달걀을 올린다.

TIP

* 막국수는 메밀을 갈아 분말을 만드는 과정에서 껍질이 잘 벗겨지지 않는 것을 따로 모아 가루로 빻아 만든 국수라 하여 붙여진 이름이다.
* 막국수의 원료인 메밀은 열을 내려주고 소화를 도와 성인병 예방에 좋은 음식이다.
* 식성에 따라 발효겨자, 설탕, 참기름, 식초를 넣는다.

올챙이국수

재료

말린 옥수수 8컵

양념장 : 풋고추 1개, 간장 2큰술, 고춧가루 1큰술, 다진 마늘 1작은술, 깨소금 1작은술

만드는 법

1. 말린 옥수수를 끓는 물에 불린다.
2. 불린 옥수수를 맷돌이나 블랜더에 물을 넣어 주면서 간다.
3. 2를 가라앉혀 윗물을 따라 버리고 앙금만 가마솥에 넣어 중불에서 죽을 쑨다.
4. 구멍 뚫린 바가지에 옥수수묵을 붓고 눌러서 찬물에 내려 올챙이묵을 만든다.
5. 다진 풋고추와 분량의 재료를 섞어 얼큰하게 양념장을 만든다.
6. 그릇에 건져낸 올챙이국수를 담고 양념장을 얹어 먹는다.

TIP

* 덜 익은 옥수수를 갈아 앙금으로 쑨 죽이다.
* 예전에는 묵을 쑤어 구멍 뚫린 바가지에 넣고 눌러 떨어진 올챙이 모양의 묵을 만들었다.
* 열무김치를 곁들여 먹으면 좋다.

감자옹심이

재료

감자 6개(1kg), 애호박 100g, 청고추 1개, 홍고추 1개, 달걀 1개, 다진 마늘 1작은술
육수 : 멸치 20g, 황태머리 2개, 물 1ℓ , 국간장 1작은술, 소금 $\frac{1}{2}$작은술

만드는 법

1. 감자는 껍질을 벗기고, 강판에 갈아서 면포에 받친다. 물기를 꼭 짜서 건지는 두고 국물은 가라앉혀 윗물은 버리고 가라앉은 녹말은 건지와 섞어 지름 2㎝의 완자를 빚는다.
2. 애호박은 4~5㎝ 길이로 채 썰고, 청・홍고추는 어슷 썰어 씨를 털어둔다.
3. 달걀은 황백으로 나누어 소금을 넣고 지단을 부쳐 마름모꼴로 썬다.
4. 멸치육수가 끓으면 빚어둔 감자옹심이를 넣고 떠오르면 애호박과 다진 마늘을 넣어 끓이다가 청・홍고추를 넣고, 국간장과 소금으로 간을 한다.
5. 그릇에 담고 황백지단을 올려낸다.

TIP

* 감자는 강원도 대관령 남쪽 고랭지에서 많이 생산된다.
* 감자를 갈아 가라앉은 전분을 넣어야 쫄깃하고 맛있다.

도토리묵사발

재료

도토리묵 1모, 배추김치 100g, 오이 $\frac{1}{2}$개, 김가루 10g

양념장 : 고춧가루 3큰술, 국간장 2큰술, 매실청 1큰술, 다진 마늘 1작은술, 다진 파 1작은술, 통깨 1큰술, 설탕 1큰술, 참기름 1큰술

육수 : 다시멸치 20g, 다시마 10g, 황태머리 2개, 무 50g, 대파 1개, 물 1ℓ

만드는 법

1. 도토리묵은 6㎝ 길이로 굵게 채 썰어 뜨거운 물에 튀한다.
2. 배추김치, 오이는 채 썰어 참기름과 깨소금을 넣고 무친다.
3. 육수 재료를 넣고 육수를 만들어 차게 식힌다.
4. 양념장을 만든다.
5. 그릇에 도토리묵, 배추김치, 채 썬 오이, 김가루를 차례대로 올려 담은 후 식혀 둔 육수와 양념장을 넣고 통깨를 뿌린다.

TIP

* 잘 익은 김치로 해야 맛이 있다. 김치가 맛이 없으면 설탕, 깨소금, 참기름에 무쳐 맛을 낸다.
* 도토리묵은 수분함량이 많아 포만감을 주고 칼로리가 낮아 다이어트에 좋다.

춘천닭갈비

재료

닭고기 500g, 양배추 100g, 양파 $\frac{1}{2}$개, 깻잎 10장, 고구마 80g, 가래떡(떡볶이용) 80g, 대파 1뿌리, 식용유 1큰술

고추장 양념 : 간장 1큰술, 고추장 2큰술, 고운 고춧가루 1큰술, 고춧가루 2큰술, 설탕 1큰술, 물엿 1큰술, 청주 1큰술, 굴소스 1작은술, 다진 마늘 1큰술, 다진 생강 1작은술, 참기름 1큰술, 카레가루 2작은술, 후춧가루 $\frac{1}{8}$작은술

만드는 법

1. 닭은 깨끗이 씻어 토막을 내고, 뼈를 발라 가로 · 세로 4㎝ 크기로 자른다.
2. 양배추는 가로 2㎝, 세로 6㎝ 정도로 썰고, 양파와 깻잎도 비슷한 크기로 썬다.
3. 고구마는 깨끗하게 씻어 껍질을 벗기고 양배추와 같은 크기로 썬다.
4. 대파는 뿌리를 자르고 깨끗하게 씻어 어슷 썬다.
5. 손질한 닭에 고추장 양념을 섞어 주물러 재워 둔다.
6. 팬을 달구어 식용유를 두르고 양배추, 양파, 고구마, 가래떡을 넣고 위에 양념한 닭을 넣는다.
7. 채소와 닭을 볶다가 닭이 익으면 대파, 깻잎을 넣고 섞은 후 불을 끈다.

TIP

* 닭갈비를 다 먹고 난 후 밥이나 우동국수를 볶기도 한다.
* 닭갈비는 1950년대 춘천에서 닭불고기집으로 시작하여 닭갈비골목이 형성되었다.

황태구이

재료

황태 2마리, 실파 20g, 통깨 1작은술, 물 1컵, 간장 1작은술, 후추 약간

양념장 : 간장 1큰술, 고추장 2큰술, 고춧가루 3큰술, 설탕 2큰술, 물엿 1큰술, 다진 파 1작은술, 다진 마늘 1작은술, 통깨 1작은술, 참기름 1큰술, 후춧가루 $\frac{1}{8}$작은술

만드는 법

1. 황태는 머리와 꼬리를 제거하고 껍질을 벗긴 후 잔가시를 골라내어 3등분한다.
2. 황태는 물, 간장, 후추에 넣어 부드럽게 불린 후 꺼내 물기를 제거한다.
3. 양념장을 만든다.
4. 불린 황태는 양념장에 재워 두었다가 석쇠나 팬에 굽는다.
5. 황태구이를 그릇에 담고 송송 썬 실파, 통깨를 뿌린다.

TIP

* 황태는 북어보다 색이 노랗고 살이 부드럽다.
* 황태는 진부령, 미시령 부근에서 얼고 녹기를 3개월 정도 걸려 만들어진다.

오징어순대

재료

오징어 2마리, 밀가루 2큰술

소 : 쇠고기 100g, 두부 100g, 숙주 100g, 표고버섯 2개, 풋고추 1개, 홍고추 $\frac{1}{2}$개, 달걀 $\frac{1}{2}$개

소 양념 : 소금 1작은술, 다진 파 1큰술, 다진 마늘 1큰술, 깨소금 1큰술, 참기름 1큰술, 후춧가루 $\frac{1}{8}$작은술, 꼬치 2개

만드는 법

1. 오징어는 배를 가르지 않고 다리를 떼어 낸 후 내장을 빼 낸 다음 속을 깨끗이 씻어 둔 다.
2. 오징어다리는 끓는 물에 데치고 잘게 다진다.
3. 쇠고기는 곱게 다지고, 두부는 체에 내려 물기를 없앤다.
4. 숙주는 삶아서 송송 썰어 물기를 꼭 짜 두고, 표고버섯도 불려서 다진다.
5. 풋고추, 홍고추는 반 갈라 씨를 빼고 다진다.
6. 재료를 모두 넣고 양념하여 소를 만들고 달걀을 넣어 고루 섞는다.
7. 오징어의 몸통 속에 밀가루를 넣고 흔들어 여분의 밀가루는 털어내고 소를 $\frac{2}{3}$ 정도만 채워 넣고 꼬치를 이용해 입구를 꿰어 준다.
8. 찜솥에 김이 오르면 속을 채운 오징어를 넣고 15분 정도 찐다.
9. 쪄 낸 오징어순대는 식혀서 1cm 두께로 썰어 낸다.

TIP

* 오징어는 열 개의 다리가 붙어 있는 곳에 머리가 숨겨져 있어 두족(頭足)이라고 한다.
* 소를 많이 넣으면 찌는 동안 소가 빠져나온다.

명이장아찌

재료

명이 400g, 건고추 3개
간장물 : 간장 3컵, 물 2컵, 설탕 1컵, 식초 1컵, 소금 3큰술

만드는 법

1. 명이는 깨끗이 씻어 물기를 뺀다.
2. 간장물을 만들어 식힌다.
3. 명이에 간장을 부어 하루 지나면 뒤집어준다.
4. 간장물만 따라 내어 끓여 식힌 다음 붓기를 3번 반복한다.
5. 한 달 정도 숙성한다.

TIP

* 설악산, 오대산, 울릉도에서 5월경에 채취하는 백합과의 다년생초로 산마늘이라 한다.
* 비타민 A가 풍부하고 항균기능이 있어 고기와 함께 먹으면 좋다.

감자송편

재료

감자 전분 5컵, 소금 $\frac{1}{2}$작은술, 참기름 1작은술
소 : 팥 1컵, 설탕 3큰술, 소금 1작은술

만드는 법

1. 감자 전분은 끓는 소금물로 익반죽한다.
2. 팥은 푹 삶아 방망이로 으깬 후 설탕과 소금을 섞어 소를 준비한다.
3. 감자전분 반죽을 떼어 지름 5㎝ 정도의 모양을 만들어 준비한 소를 넣고 송편을 빚는다.
4. 김이 오른 찜통에 젖은 면보를 깔고 송편을 얹어 15분 정도 찐다.
5. 쪄 낸 송편이 식으면 참기름을 바른다.

TIP

* 강원도에는 감자를 캐다가 상처 난 감자를 썩혀서 갈아 앙금을 가라앉혀 전분을 만든다.
* 감자송편은 따뜻할 때 먹어야 쫄깃하고 맛있다.
* 언감자를 녹여 만들기도 한다.

호박범벅

재료

늙은 호박 1kg, 단호박 $\frac{1}{2}$개, 팥 $\frac{1}{2}$컵, 강낭콩 $\frac{1}{2}$컵, 고구마 1개, 찹쌀 가루 2컵, 물 7컵, 소금 2작은술

만드는 법

1. 늙은 호박과 단호박은 껍질을 벗기고 씨를 제거한 후 냄비에 물을 붓고 푹 삶는다.
2. 팥과 강낭콩은 씻어 한소끔 끓어오르면 물을 따라버리고 다시 새물을 부어 삶는다.
3. 고구마는 껍질을 벗기고 사방 2cm 크기로 썬다.
4. 푹 무르게 삶은 호박은 냄비 속에서 나무주걱으로 으깨고, 썰어 놓은 고구마를 넣어 끓인다.
5. 고구마가 익으면 삶아 놓은 팥과 강낭콩을 넣어 잘 어우러지도록 끓인다.
6. 끓고 있는 죽에 찹쌀 가루를 물 2컵에 개어 조금씩 넣어 가며 농도를 맞춘다.
7. 죽이 눌지 않도록 냄비 바닥을 나무주걱으로 저어가며 끓인 후 뜸을 들이고 소금으로 간한다.

TIP

* 찹쌀 가루로 새알심을 빚어 넣기도 한다.
* 호박범벅은 찹쌀 가루 대신 밀가루를 넣기도 한다.

금산어죽

재료

민물고기 500g, 쌀 $\frac{1}{2}$컵, 물 10컵, 밀가루 $\frac{1}{2}$컵, 인삼(수삼) 2뿌리, 쑥갓 50g, 깻잎 20장, 대파 1뿌리, 국수 20g

양념 : 된장 2큰술, 고추장 1작은술, 고춧가루 1큰술, 다진 마늘 1큰술, 청주 1큰술, 생강즙 1작은술

만드는 법

1. 생선은 비늘과 내장을 제거하고 손질한 후 물을 붓고 푹 삶아서 체에 걸러 뼈와 가시를 골라 낸다.
2. 쌀은 2시간 정도 불리고, 밀가루는 반죽해 둔다.
3. 수삼은 깨끗이 씻어 뇌두를 자르고 3㎝ 길이로 어슷 썬다.
4. 쑥갓과 깻잎은 씻어 3㎝ 길이로 썰고 대파는 어슷 썬다.
5. 생선 거른 물에 된장, 고추장을 푼 다음 푹 끓인다.
6. 불린 쌀을 넣고 한소끔 끓인 후 수제비를 떼어 넣고 다시 끓인다.
7. 끓고 있는 죽에 국수, 수삼, 고춧가루, 다진 마늘, 청주, 생강즙을 넣고 약한 불에서 저어가며 끓인다.
8. 쌀알이 고루 퍼지면 쑥갓, 깻잎, 파를 넣고 불을 끈 후 그릇에 담는다.

TIP

- 붕어, 메기, 빠가사리 등 민물고기를 이용하여 어죽을 끓인다.
- 인삼의 향으로 민물고기 특유의 비린내를 없앤다.
- 생선을 갈아 만든 어죽은 철분, 단백질이 많아 원기회복, 숙취에 효과가 있다.

올갱이국

재료

올갱이 2컵, 물 4컵, 쌀뜨물 1컵, 아욱 100g, 부추 100g, 청양고추 1개, 된장 2큰술, 고추장 1큰술, 밀가루 2큰술, 다진 파 $\frac{1}{2}$큰술, 다진 마늘 $\frac{1}{2}$큰술

만드는 법

1. 올갱이는 하루 정도 물에 담가 해감을 시킨 후 끓는 물에 넣고 삶아 건진 다음 이쑤시개로 살만 뺀다.
2. 아욱과 부추는 4㎝ 길이로 썰고 청양고추는 송송 썬다.
3. 올갱이 삶은 국물에 쌀뜨물을 섞어 된장과 고추장을 풀어 끓이다가 썰어 놓은 아욱, 부추를 넣고 끓인다.
4. 올갱이살에 밀가루를 넣고 옷을 입혀 끓는 국에 넣는다.
5. 올갱이국에 다진 파, 다진 마늘, 청양고추를 넣는다.

TIP

* 다슬기는 충청도에서는 올갱이라 부르며 날콩가루에 버무려 끓이기도 한다.
* 올갱이국은 우거지, 시래기 등 지역마다 다양하게 넣고 끓인다.

빠금장찌개

재료

빠금장 5큰술, 동치미 무 50g, 김치 20g, 애호박 50g, 두부 30g, 표고버섯 1개, 풋고추 1개, 대파 20g, 고춧가루 1작은술, 다진 마늘 1작은술, 소금 1작은술

육수 : 멸치 20g, 다시마 10g, 물 5컵

만드는 법

1. 멸치, 다시마로 육수를 끓인다.
2. 무는 나박 썰고 김치는 송송 썬다.
3. 애호박, 두부, 표교버섯은 가로・세로 2㎝, 두께 0.5㎝ 정도로 썰고 풋고추는 어슷 썬다.
4. 육수에 무와 김치를 넣고 끓이다가 빠금장을 넣는다.
5. 애호박, 두부, 표고버섯을 넣고 끓이다가 풋고추 어슷 썬 대파, 마늘을 넣는다.
6. 고춧가루를 넣고 소금 간을 한다.

TIP

* 재래된장이 떨어질 때쯤 통메주를 절구에 빻아 국간장을 넣고 빠금장을 만들어 따뜻한 부뚜막 위에서 2~3일간 빠르게 숙성시켜 만든 된장이다.
* 빠금장은 간장을 빼지 않아 영양소가 많고 오래두고 먹지 않아 염분함량이 낮다.
* 된장과 청국장 맛을 섞은 맛으로 김장에 했던 동치미무에 여러 가지 재료를 썰어 넣고 끓인다.

게국지

재료

무 200g, 절인 배추 6장, 소금 1큰술 , 쪽파 5대 , 간장게장 국물 50g, 늙은 호박 200g, 꽃게 2마리, 새우 6마리, 잔 새우 20g, 대파 1대 ,육수 8컵

양념 : 고춧가루 4큰술, 된장 1작은술, 다진 마늘 1큰술, 다진 생강 $\frac{1}{2}$작은술, 새우젓 2큰술

육수 : 멸치 20g, 다시마 10g, 건새우10g, 물 10컵

만드는 법

1. 무는 나박나박 썰어서 소금에 절이고 절인 배추, 쪽파와 함께 겉절이를 한다.
2. 꽃게, 새우, 잔 새우는 다듬어 소금물에 씻는다.
3. 호박은 껍질을 벗겨 큼직하게 썰고 대파는 어슷 썬다.
4. 멸치 육수를 끓인다.
5. 냄비에 버무린 겉절이, 늙은 호박, 꽃게, 새우, 간장게장 국물, 육수를 넣고 끓인다.
6. 양념을 넣고 맛이 우러나면 어슷 썬 대파를 넣는다.

TIP

* 충남 태안 지방에서 많이 먹던 음식이다. 꽃게보다 박하지라는 돌게를 사용했다.
* 배추는 푸른 부분 겉잎으로 겉절이를 하여 넣었다.
* 끓일 때 김치 국물을 넣기도 한다.

도리뱅뱅이

재료

민물고기(빙어 또는 피라미) 300g, 식용유 $\frac{1}{2}$컵, 실파 2뿌리, 통깨 1작은술
고추장 양념장 : 간장 1작은술, 고추장 3큰술, 고춧가루 1작은술, 설탕 2작은술, 다진 마늘 1큰술, 후춧가루 약간, 생강즙 1작은술

만드는 법

1. 빙어나 피라미 등의 작은 민물고기를 깨끗하게 씻어 물기를 제거한다.
2. 분량의 양념을 섞어 고추장 양념장을 만든다.
3. 둥근 팬에 민물고기를 돌려 담은 다음 식용유를 넉넉하게 붓고 튀기듯이 조린다.
4. 민물고기 위에 고추장 양념장을 바른 후 살짝 조린다.
5. 송송 썬 실파와 통깨를 뿌린다.

TIP

* 충청도지방에서 민물고기인 피라미나 빙어를 냄비에 동그랗게 뱅뱅 돌려 조리한다 하여 붙여진 이름이다.
* 민물고기는 밀가루를 가볍게 입혀서 조리 하기도 한다.

말린 도토리묵 볶음

재료

말린 도토리묵 80g, 쇠고기 50g, 새송이버섯 1개, 양파 $\frac{1}{2}$개, 청・홍고추 각 1개씩, 식용유 1큰술, 참기름 1작은술

고기 양념 : 간장 $\frac{1}{2}$큰술, 설탕 $\frac{1}{2}$큰술, 다진 파 $\frac{1}{2}$작은술, 다진 마늘 $\frac{1}{4}$작은술, 깨소금 $\frac{1}{4}$작은술, 참기름 $\frac{1}{4}$작은술, 후춧가루 $\frac{1}{8}$작은술

양념장 : 간장 1큰술, 설탕 $\frac{1}{2}$큰술, 다진 파 1작은술, 다진 마늘 $\frac{1}{2}$작은술, 깨소금 1작은술, 참기름 1작은술

만드는 법

1. 말린 도토리묵은 물에 1시간 정도 불려 끓는 물에 10분 정도 삶아 건진다.
2. 쇠고기는 고기 결의 반대 방향으로 묵과 같은 크기로 납작하게 썰어 고기 양념을 해둔다.
3. 새송이버섯과 양파는 0.5㎝ 굵기로 채 썰고, 청・홍고추는 씨를 뺀 후 양파와 같은 크기로 채 썬다.
4. 팬에 기름을 두르고 고기를, 불린 도토리묵, 새송이버섯, 양파, 고추를 차례대로 넣고 볶다가 양념장을 넣는다.

TIP

* 도토리묵을 손가락 굵기로 썰어 햇볕에 말린다.
* 말린 도토리묵은 보관하기 좋고 쫄깃한 식감이 있다.

호박고지적

재료

호박고지 70g, 쇠고기(우둔)150g, 실파 80g, 찹쌀 가루 1컵, 물 $\frac{1}{2}$컵, 소금 $\frac{1}{4}$작은술, 식용유 5큰술, 꼬치 6개

호박고지 양념 : 간장 1작은술, 참기름 1작은술

쇠고기 양념 : 간장 1작은술, 소금 $\frac{1}{4}$작은술, 다진 파 1작은술, 다진 마늘 $\frac{1}{2}$작은술, 깨소금 $\frac{1}{2}$작은술, 참기름 $\frac{1}{2}$작은술, 후춧가루 $\frac{1}{8}$작은술

만드는 법

1. 호박고지는 30분 정도 물에 불려 6cm 길이로 썰어 양념에 주물러 둔다.
2. 쇠고기는 결반대로 가로 1cm, 세로 7cm, 두께 0.5 cm로 썰어 잔칼집을 넣고 양념에 재운다.
3. 실파는 뿌리를 자르고 손질하여 깨끗하게 씻어 6cm 길이로 썬다.
4. 꼬치에 호박고지, 쇠고기, 실파를 순서대로 꿰어 가장자리에 호박고지가 오도록 한다.
5. 찹쌀 가루에 물을 넣고 소금으로 간을 하여 반죽을 만든다.
6. 호박고지는 찹쌀반죽을 앞뒤로 바른다.
7. 팬에 식용유를 두르고 호박고지를 노릇노릇하게 지진다.

TIP

* 호박고지적은 찰기가 있으므로 소쿠리에 담는 것이 좋다.
* 찹쌀반죽은 미리 바르면 흘러내리므로 바로 발라 지진다.

어리굴젓

재료

굴 1㎏, 소금 3큰술, 찹쌀 가루 2큰술, 물 5큰술

양념 : 고운고추가루 5큰술, 고춧가루 3큰술, 액젓 2큰술, 파 15g, 마늘 5g, 생강 5g

만드는 법

1. 굴은 소금물에 살살 흔들어 씻어 체에 밭쳐 물기를 뺀 다음 소금을 넣고 버무려 일주일 둔다.
2. 절여진 굴은 30분 정도 체에 밭치고, 굴 국물은 받아 놓는다.
3. 찹쌀 가루에 물을 넣고 풀을 쑨다.
4. 찹쌀풀에 양념을 넣고 채 썬 파와 마늘・생강을 넣고 고루 섞는다.
5. 2주일 동안 숙성시킨다.

TIP

* 고춧가루에 버무려 매운맛이 얼얼하다 하여 어리굴젓이라 불렀다.
* 어리굴젓은 무, 밤을 넣으면 간이 싱거워진다.
* 굴은 소금에 절이기도 하고 액젓에 절이기도 한다.

곤떡

재료

찹쌀 가루 5컵, 소금 1작은술, 식용유 $\frac{1}{2}$컵, 지치 20g, 설탕 5큰술, 물 5큰술

시럽 : 설탕 1컵, 물 1컵

만드는 법

1. 식용유에 지치를 넣고 은근한 불에 올려 지치기름을 만든다.
2. 설탕과 물을 끓여 반죽물을 만든다.
3. 찹쌀 가루에 반죽물을 넣고 익반죽하여 지름 5㎝정도로 동글납작하게 빚는다.
4. 팬에 지치기름을 넉넉히 두르고 찹쌀반죽을 놓고 약한 불에서 앞뒤로 지진다.
5. 설탕과 물을 넣고 농도가 날 때까지 끓여 시럽을 만든다.
6. 지진 곤떡에 시럽을 끼얹는다.

TIP

* 충청도 지방의 떡으로 색이 고와서 고은떡, 곤떡으로 불린다.
* 곤떡은 웃기떡으로 쓰였다.
* 지초(지치)는 소화를 돕고, 피부병을 치료하는 효과가 있다.

전주비빔밥

재료

쌀2컵, 사골국물900㎖, 콩나물300g, 쇠고기(우둔)100g, 미나리70g, 도라지 100g, 고사리60g, 표고버섯60g, 애호박100g, 오이100g, 당근60g, 무 100g, 황포묵70g, 다시마 20g, 은행 10알, 식용유 2큰술, 달걀노른자 4개, 볶은 고추장 120g(4큰술)

쇠고기 양념 : 간장 $\frac{1}{2}$작은술, 배즙 1큰술 ,설탕 $\frac{1}{4}$작은술, 다진 마늘 $\frac{1}{2}$작은술, 깨소금 $\frac{1}{2}$작은술, 참기름 1작은술

콩나물 · 미나리 양념 : 소금 1작은술, 다진 마늘 1작은술, 깨소금 1작은술, 참기름 1큰술

도라지 양념 : 소금 $\frac{1}{4}$작은술, 다진 마늘 $\frac{1}{2}$작은술, 깨소금 $\frac{1}{4}$작은술, 참기름 $\frac{1}{4}$작은술

고사리 · 표고버섯 양념 : 간장1작은술, 다진 마늘$\frac{1}{2}$작은술, 깨소금$\frac{1}{2}$작은술, 참기름 1작은술

애호박 양념 : 소금 $\frac{1}{2}$작은술, 다진 마늘$\frac{1}{2}$작은술, 깨소금 1/3작은술, 참기름 1/3작은술

오이 양념 : 다진 마늘 $\frac{1}{2}$작은술, 깨소금 1/3작은술, 참기름 1/3작은술

당근 양념 : 소금$\frac{1}{4}$작은술, 다진 마늘 $\frac{1}{2}$작은술, 깨소금 1/3작은술, 참기름 1/3작은술

무 양념 : 고춧가루 $\frac{1}{2}$작은술, 소금 1/3작은술, 다진 마늘 $\frac{1}{4}$작은술, 다진 생강 $\frac{1}{8}$작은술

황포묵 양념 : 소금 $\frac{1}{4}$작은술, 참기름 1작은술

만드는 법

1. 쌀은 씻어 체에 건져 30분 둔 후 사골국물을 부어 밥을 짓다가 콩나물의 1/3을 얹어 뜸을 들인 후 고루 섞어준다.
2. 쇠고기는 4㎝ 길이로 채를 썰어 양념장을 넣고 육회를 만든다.
3. 미나리는 잎을 다듬어 살짝 데친 후 찬물에 헹구어 4㎝ 길이로 자르고 양념을 넣고 무친다.
4. 콩나물의 1/3는 꼬리를 떼어내고 씻은 후 끓는 물에 데쳐 양념하여 무친다.
   콩나물의 1/3은 물을 붓고 끓여 간을 한 후 파를 송송 썰어 넣고 콩나물국을 한다.
5. 도라지는 가늘게 찢어 소금을 넣고 주물러 씻어 양념하여 볶는다.
6. 고사리는 끓는 물에 삶아 5㎝ 길이로 썰어 양념에 무쳐서 팬에 볶는다.
7. 마른 표고버섯은 미지근한 물에 불렸다 곱게 채 썰어 양념하여 무친 다음 팬에 볶아낸다.
8. 애호박, 오이, 당근은 5㎝ 길이로 곱게 채 썰어 양념하여 살짝 볶는다.
9. 무는 5㎝ 길이로 곱게 채 썰어 양념하여 무친다.
10. 황포묵은 길이 5㎝, 두께 0.5㎝ 로 썰어 양념하여 무친다..
11. 다시마는 젖은 행주로 닦은 후 170℃의 기름에 튀겨 잘게 부순다.
12. 은행은 팬에 기름을 두르고 파랗게 볶아 껍질을 벗긴다.
13. 그릇에 콩나물밥을 담고, 그 위에 나물을 색스럽게 돌려 담는다.
    가운데에 육회를 담고 달걀 노른자를 얹은 다음 다시마 튀각과 은행을 얹는다.

TIP

* 전주 비빔밥의 재료는 30여 가지나 된다.
* 전주는 쥐눈이콩으로 키운 콩나물과 육회를 넣는 것이 특징이다.

담양대통밥

재료

멥쌀 2컵, 찹쌀 1컵, 검은콩 $\frac{1}{4}$컵, 은행 6알, 밤 2개, 대추 2개, 잣 2작은술, 소금 $\frac{1}{8}$작은술, 대나무통 2개

만드는 법

1. 멥쌀, 찹쌀, 검은콩은 깨끗하게 씻어서 3시간 정도 물에 불린다.
2. 은행은 팬에 기름을 두르고 파랗게 볶아 껍질을 벗긴다.
3. 밤은 속 껍질을 벗겨 4등분한다.
4. 잣은 면보로 닦아 고깔을 뗀다.
5. 대추는 깨끗이 씻어 씨를 발라내고 4등분한다.
6. 대나무통 2개에 불린 쌀과 콩을 담고, 은행, 밤, 대추, 잣을 넣어 소금 간한 물을 붓는다.
7. 대나무통 위를 한지로 덮고 종이끈으로 묶어 압력솥에 넣은 다음 압력솥 안에 물을 1/5가량 붓는다.
8. 압력솥에 30분간 밥을 하고 불을 끈 뒤 10분간 뜸을 들인다.

TIP

* 담양은 대나무가 잘 자라는 지역으로 다양한 종류의 대나무가 있다.
* 압력솥이 없을 때는 찜솥에 1시간 정도 밥을 찐다.

백합죽

재료

백합 10개, 물 12컵, 불린 쌀 2컵, 표고버섯 1개, 당근 30g, 국간장 1작은술, 소금 1작은술, 다진 파 1큰술, 다진 마늘 1작은술, 깨소금 1작은술, 후춧가루 $\frac{1}{8}$참기름 1큰술

만드는 법

1. 백합은 깨끗이 씻어 물을 붓고 끓여 입을 열면 살만 골라 3-4등분 한다.
2. 쌀은 씻어 2시간 불려 체에 건진다.
3. 표고버섯은 불려 0.5㎝ 굵기로 다지고 당근은 0.3㎝ 굵기로 다진다.
4. 냄비에 참기름을 두르고 쌀을 볶다가 백합국물을 붓고 끓인다.
5. 쌀알이 퍼지면 표고버섯과 당근을 넣고 끓이다가 백합살을 넣는다.
6. 파, 마늘, 깨소금을 넣고 국간장과 소금으로 간을 맞춘 후 후추를 넣고 불을 끈다.

TIP

* 백합은 부안지방에서 나는 조개로 노약자나 어린이도 소화에 부담이 없다.
* 철분이 많아 여성에게 좋고 라이신이 있어 숙취에도 좋다.

전주 콩나물국밥

재료

밥 2공기, 콩나물 400g, 김치 70g, 청양고추 1개, 오징어 $\frac{1}{4}$마리, 달걀 4개, 소금 2작은술, 다진 마늘 1큰술, 후춧가루 $\frac{1}{8}$작은술, 고춧가루 1작은술, 새우젓 1큰술

육수 : 다시마 1조각(8×15㎝), 멸치 100g, 대파 1뿌리, 양파 $\frac{1}{2}$개, 무 100g, 물 12컵

만드는 법

1. 콩나물은 끓는 물에 삶아 건져 놓는다.
2. 콩나물 삶은 물에 육수 재료를 넣고 끓여 체에 거른다.
3. 김치와 청양고추는 송송 썰어 둔다.
4. 육수에 오징어를 넣고 잠깐 데쳐 송송 썰어 둔다.
5. 뚝배기에 밥을 담고 삶아 놓은 콩나물, 김치, 오징어를 얹어 육수를 넣어 끓인다.
6. 소금, 다진 마늘, 후춧가루, 고춧가루, 청양고추 등을 넣는다.
7. 달걀을 깨서 넣고 불을 끈다.

TIP

* 콩나물국밥과 먹을 수 있도록 모주를 곁들이기도 한다.
* 새우젓을 따로 담아 간을 맞추기도 한다.

매생이국

재료

매생이 180g, 굴 200g, 홍고추 $\frac{1}{2}$개, 대파 $\frac{1}{2}$뿌리, 참기름 1작은술, 청주 1큰술, 참치액 1큰술, 다진 마늘 $\frac{1}{2}$큰술, 소금 약간

육수 : 물 4컵, 다시마(사방 20㎝, 1장), 무50g, 양파 50g

만드는 법

1. 매생이와 굴은 체에 밭쳐 소금물에 깨끗이 씻는다.
2. 홍고추와 대파는 어슷썰기를 한다.
3. 육수를 만든다.
4. 냄비에 참기름을 두르고 굴을 볶다가 청주를 넣고 굴은 건져 낸다.
5. 굴 볶은 냄비에 매생이를 넣고 가볍게 볶는다.
6. 다시마 육수를 넣는다.
7. 참치액, 다진 마늘을 넣고 국물이 끓어오를 때까지 끓인다.
8. 굴, 소금을 넣고 한소끔 끓인다.
9. 홍고추와 대파를 넣는다.

TIP

* 매생이는 얕은 바다에서 자라는 녹조식물로 파래보다 가늘고 부드럽다.
* 매생이는 오래 끓이면 녹아 약한 불에서 잠시 끓여야 한다.
* 매생이는 김이 안나도 뜨겁기 때문에 천천히 먹어야 한다.

낙지연포탕

재료

낙지 3마리, 조개류 100g, 배추 3잎, 무 200g, 청고추 1개, 홍고추 1개, 미나리 30g, 대파 30g, 다진 마늘 1큰술, 소금 약간, 후추 약간

육수 : 다시미 20g, 황태머리 2개, 무 100g, 물 7컵

만드는 법

1. 낙지는 싱싱한 것으로 골라 바락바락 주물러 깨끗이 씻고 조개는 해감 시킨다.
2. 배추는 넓적하게 썰고 무는 나박썰기 한다.
3. 청, 홍고추는 어슷썰고 미나리는 5㎝ 길이로 썬다.
4. 다시마 육수를 만든다.
5. 육수에 배추와 무를 넣고 끓인다.
6. 낙지와 조개를 넣고 간을 한다.
7. 고추, 미나리, 어슷 썬 대파, 마늘, 후춧가루를 넣고 간 한다.

TIP

* 낙지와 조개는 오래 끓이지 않는다.
* 낙지는 살아 있는 것으로 끓여야 연하다.

남원추어탕

재료

미꾸라지 800g, 소금 2큰술, 물 14컵

향채 : 양파 1개, 파 40g, 마늘 40g, 생강 30g

양념장 : 된장 3큰술, 고추장 2큰술, 다진 파 1큰술, 다진 마늘 $\frac{1}{2}$큰술, 삶은 우거지 100g, 불린 고사리 100g, 숙주 150g, 대파 150g, 청양고추 3개, 홍고추 1개, 부추 10g, 들깻가루 $\frac{1}{2}$컵, 후춧가루 $\frac{1}{4}$작은술, 소금 $\frac{1}{2}$큰술, 산초가루 $\frac{1}{2}$작은술

만드는 법

1. 미꾸라지에 소금을 뿌려서 뚜껑을 덮고 5분 정도 해감을 시킨 다음 깨끗이 씻어 체에 밭친다.
2. 향채는 큼직하게 썰고, 양념장을 만든다.
3. 삶은 우거지와 불린 고사리는 깨끗이 씻어서 길이 5㎝ 정도로 자른다.
4. 숙주는 깨끗이 씻어 끓는 물에 데친다.
5. 대파는 길게 반 갈라 5㎝ 길이로 자른다.
6. 청양고추와 홍고추는 0.5㎝ 정도로 다지고, 부추는 다듬어 씻어 길이를 반 자른다.
7. 냄비에 미꾸라지와 물을 붓고 끓으면 1시간 정도 삶다가 향채를 넣고 약불에서 30분 정도 더 삶는다. 삶은 미꾸라지는 체에 내리고 뼈는 버린다.
8. 냄비에 미꾸라지 국물을 붓고 양념장을 풀어 삶은 우거지와 고사리를 넣고 30분 정도 끓이다가 숙주와 대파를 넣고 20분 정도 더 끓인다.
9. 청양고추, 홍고추, 부추, 들깻가루, 후춧가루, 소금을 넣고 한소끔 더 끓인다.
10. 추어탕을 그릇에 담고 산초가루와 함께 낸다.

TIP

* 추어탕은 뜨거울 때 먹어야 비린내가 적다.
* 산초가루는 기호에 따라 가감한다.
* 미꾸라지는 체에 내리지 않고 통으로 끓이기도 한다.
* 개성식 추어탕에는 미나리를 넣는 것이 특징이다.
* 토란대와 깻잎을 넣기도 한다.

머위들깨탕

재료

머위대 200g, 보리새우 50g, 표고버섯 2개, 들깨 $\frac{1}{4}$컵, 불린 찹쌀 1큰술, 들기름 1큰술, 다진 마늘 2작은술, 다진 파 1큰술, 국간장 1작은술, 소금 약간

육수 : 다시마 30g, 물 5컵

만드는 법

1. 머위대는 손질하여 끓는 물에 데치고 껍질을 벗겨 5cm 길이로 썬다.
2. 보리새우는 면보에 비벼 손질하고, 표고버섯은 모양을 살려 0.3cm 두께로 썬다.
3. 다시마 육수를 만든다.
4. 육수 1컵에 들깨를 넣고 믹서에 곱게 갈아 체에 내려 들깨즙을 만든다.
5. 찹쌀과 물 3큰술을 넣고 믹서에 갈아 둔다.
6. 냄비에 들기름을 두르고 머위대, 새우, 표고버섯을 볶는다.
7. 육수를 넣고 끓이다 들깨즙과 찹쌀물을 넣고 저어준다.
8. 파, 마늘을 넣고 국간장과 소금으로 간을 한다.

TIP

* 머위는 봄부터 여름까지 흔히 볼 수 있는 채소이다.
* 머위잎은 삶아서 쌈으로 먹기도 한다.

죽순회

재료

죽순 500g, 쌀뜨물 5컵, 우렁이 200g, 미나리 100g

초고추장 : 고추장 2큰술, 고운고추가루 1큰술, 설탕 2큰술, 식초 2큰술, 레몬즙 1작은술, 다진 파 1작은술, 다진 마늘 1작은술

만드는 법

1. 냄비에 죽순을 껍질째 넣고 쌀뜨물에 삶아 껍질을 벗긴다.
2. 손질한 죽순은 빗살무늬를 살려 길이 5cm 두께 0.3cm로 썬다.
3. 우렁이는 깨끗이 씻어 살짝 데치고 미나리는 다듬어 데친 후 5cm 길이로 자른다.
4. 초고추장을 만든다.
5. 죽순과 우렁이, 미나리를 초고추장에 무친다.

TIP

* 죽순은 땅에서 돋아나는 어린 순이다.
* 생죽순은 떫고 아린 맛이 있어 삶은 후 물에 담가 두었다가 사용한다.
* 죽순은 1달 정도만 채취가 되기 때문에 염장해서 1년 내내 사용한다.

벌교 꼬막찜

재료

꼬막 400g, 소금 1큰술

양념장 : 간장 1큰술, 꼬막 삶은 물 3큰술, 청고추 $\frac{1}{2}$개, 홍고추 $\frac{1}{2}$개, 설탕 $\frac{1}{2}$작은술, 다진 파 1작은술, 다진 마늘 $\frac{1}{2}$작은술, 깨소금 1작은술, 참기름 1작은술, 후춧가루 $\frac{1}{8}$작은술

만드는 법

1. 꼬막은 옅은 소금물에 담가 해감 시키고, 깨끗한 물이 나올 때 박박 문질러 여러 번 씻는다.
2. 끓는 물에 꼬막을 넣고 한 방향으로 저어 가며 삶는다. 꼬막 2~3개가 입을 벌리면 체로 건져 한쪽 껍질을 떼어내고, 삶은 물은 따로 받아둔다.
3. 청・홍고추는 곱게 다진다.
4. 꼬막 삶은 물에 재료를 넣어 양념장을 만든다.
5. 그릇에 꼬막을 담고 양념장을 끼얹어 낸다.

TIP

* 꼬막은 보성군 벌교에서 많이 채취한다.
* 꼬막을 삶을 때 살짝 삶아야 부드럽고 맛이 있다.

세발낙지호롱

재료

세발낙지5마리, 짚

유장 : 간장 2큰술, 참기름 4큰술

양념장 : 간장 5큰술, 설탕 2큰술, 청주 1큰술, 다진 파 1큰술, 다진 마늘 2작은술, 깨소금 2작은술, 참기름 1작은술, 후춧가루 $\frac{1}{8}$작은술

만드는 법

1. 낙지는 바락바락 주물러 깨끗이 씻고 머리를 뒤집어 먹통을 제거한다.
2. 유장과 양념장을 만든다.
3. 깨끗한 짚을 20㎝ 길이가 되도록 뭉쳐서 한쪽 끝에 손질해 둔 낙지의 머리를 끼우고 다리는 돌돌 감는다.
4. 낙지에 유장을 발라 애벌구이 한다.
5. 애벌구이된 낙지에 양념장을 발라가며 굽는다.

TIP

* 낙지는 '쓰러진 소도 일으킨다'고 할 정도로 보양음식으로 알려져 있다.
* 낙지는 담백하고 개운한 맛을 살려 오래 익히지 않아야 한다.

영광굴비구이

재료

굴비 3마리

만드는 법

1. 굴비는 비늘을 긁고 물에 씻어 물기를 없앤다.
2. 석쇠나 팬에 기름을 두르고 앞뒤로 노릇하게 굽는다.

TIP

* 굴비는 조기를 소금 간 하여 해풍으로 말린 것이다.
* 조기는 머리에 단단한 뼈가 있어 석어(石漁)라고 한다.

장어구이

재료

장어 2마리, 생강채 약간

양념장 1 : 간장 6큰술, 설탕 2큰술, 물엿 1큰술, 말린 홍고추 2개, 파 $\frac{1}{2}$대, 마늘 3쪽, 생강즙 2큰술, 청주 3큰술, 참기름 1큰술

양념장 2 : 간장 2큰술, 고추장 3큰술, 고춧가루 1작은술, 물엿 1큰술, 파 $\frac{1}{2}$대, 마늘 3쪽, 생강즙 2큰술, 청주 3큰술, 참기름 1큰술

만드는 법

1. 장어는 깨끗이 씻어 등쪽을 갈라 내장과 뼈를 발라 낸 다음 머리를 잘라낸다.
2. 냄비에 장어 머리와 뼈를 구워 물을 부어 은근한 불에 졸인 후 양념장1을 넣고 조린다.
3. 몸통을 반으로 펴서 석쇠에 애벌구이를 한다.
4. 애벌구이한 장어에 준비해 둔 양념장2를 앞뒤로 발라 가며 굽는다.
5. 장어가 구워지면 그릇에 담고 곱게 썬 생강채를 올린다.

TIP

* 장어는 바닷물과 민물이 만나는 곳에서 자란다.
* 장어는 질 좋은 단백질이 많아 기력 보강에 도움을 준다.
* 기호대로 간장양념이나 고추장양념을 한다.

떡갈비구이

재료

다진 소고기(엉덩이살, 350g), 다진 돼지고기(앞다리살, 150g), 감자전분 6큰술, 잣가루 1큰술

고기양념 : 간장 3큰술, 청주 1큰술, 깨소금 1큰술, 후춧가루 $\frac{1}{8}$작은술, 설탕 1.5큰술, 다진 대파 2큰술, 다진 마늘 1큰술, 다진 생강 $\frac{1}{2}$작은술, 참기름 2큰술, 다진 양파 2큰술

마무리 양념 : 설탕 1큰, 간장 1큰술, 생강즙 1큰술, 올리고당 2큰술

만드는 법

1. 다진 양파를 넣어 고기 양념장을 만든다.
2. 다진 소고기와 다진 돼지고기에 고기 양념장을 넣고 고루 버무린다.
3. 양념한 고기에 감자전분을 넣고 치대듯이 섞는다.
4. 섞은 고기 반죽은 양념이 고루 배이게 30분 이상 재운다.
5. 재운 고기 반죽을 적당량 덜어 동글납작하게 빚어 가운데를 눌러 들어가게 한다.
6. 달군 팬에 기름을 두르고 빚은 고기 반죽을 올려 노릇하게 굽는다.
7. 고기 반죽을 뒤집은 뒤 마무리 양념을 넣고 뚜껑을 덮어 약불에서 3분 정도 굽는다.
8. 떡갈비를 그릇에 담은 뒤 잣가루를 고루 뿌린다.

TIP

* 소갈비살을 곱게 다져서 양념 한 다음 갈비뼈에 붙여 석쇠에 구워 먹은 음식이다.
* 떡갈비는 전통적인 음식은 아니지만 담양, 강진 등 전라도 지방에서 많이 하는 음식이다.

홍어삼합

재료

홍어 1㎏, 돼지고기(삼겹살) 600g, 새우젓 5큰술, 묵은 김치 $\frac{1}{2}$포기

향채 : 대파 1뿌리, 마늘 5쪽, 생강 2톨, 통후추 10알

만드는법

1. 홍어는 내장을 빼고 큼직하게 자른다.
2. 항아리에 홍어를 넣고 볏짚을 켜켜이 덮어 10일 정도 알맞게 삭힌다.
3. 삭힌 홍어는 5㎝ 길이로 먹기 좋게 썬다.
4. 돼지고기는 찬물에 담궈 핏물을 빼고 향채를 넣고 1시간 정도 삶는다.
5. 삶은 삼겹살은 베보자기에 싸서 도마로 눌렀다가 0.5㎝ 두께로 썬다.
6. 묵은 김치는 먹기 좋게 썬다.
7. 그릇에 삭힌 홍어, 돼지고기, 묵은김치, 새우젓을 담는다.

TIP

* 홍어는 전라도 지방에서는 잔치에 빠지지 않고 나오는 음식이다.
* 홍어는 겨울이 제철인데 삭힌 것이 갓 잡은 홍어보다 살이 부드럽고 톡 쏘는 맛이 좋다.
* 막걸리와 함께 먹으면 홍탁삼합이라 하여 맛이 한층 돋구워 진다.

돌산갓김치

재료

돌산 갓 1단, 소금 1컵, 쪽파 300g

양념 : 멸치액젓 $\frac{1}{2}$컵, 새우젓 $\frac{1}{4}$컵, 생새우 50g, 마늘 6쪽, 생강 2톨, 양파 $\frac{1}{2}$개, 찹쌀풀 $\frac{1}{2}$컵, 고춧가루 $\frac{2}{3}$3컵

만드는 법

1. 갓은 소금에 3시간 정도 절인 다음 물에 씻어 건져 물기를 빼고, 쪽파는 다듬어 씻는다.
2. 믹서에 멸치액젓, 새우젓, 생새우, 마늘, 생강, 양파를 넣어 곱게 간다.
3. 찹쌀풀에 고춧가루를 먼저 섞고 나머지 양념을 넣어 섞는다.
4. 절여 놓은 갓과 쪽파를 넣고 버무려 한주먹씩 가닥을 만들어 항아리에 담는다.
5. 양념 그릇에 생수 반컵과 소금을 넣고 김치국물을 만든 후 항아리에 붓는다.

TIP

* 여수의 돌산에서 나는 갓은 따뜻한 기후에 잎이 넓고 향과 매운맛이 특이하다.
* 갓김치는 살짝 절여야 하고 고춧가루도 배추김치 보다 덜 넣는다.

고들빼기김치

재료

고들빼기 1kg . 굵은 소금 1컵 . 물 5컵, 쪽파 300g, 고춧가루 $\frac{1}{2}$컵. 다진 마늘 3큰술. 다진 생강 1큰술, 멸치액젓 5큰술, 찹쌀풀 $\frac{1}{2}$컵

만드는 법

1. 고들빼기는 뿌리를 다듬어 소금물에 잠기게 두어 1일 정도 절인다,
2. 절인 고들빼기는 씻어 소쿠리에 건진다.
3. 쪽파는 다듬어 씻어 길이를 반으로 자른다.
4. 찹쌀풀에 고춧가루, 마늘, 생강, 멸치액젓, 소금을 넣고 섞는다.
5. 고들빼기와 쪽파를 넣고 버무린다.

TIP

* 고들빼기는 쌉쌀한 맛과 향이 특징이다.
* 자연산 고들빼기는 쌉쌀한 맛이 강해 일주일 정도 소금물에 삭히기도 한다.
* 봄철에 어린 고들빼기 잎은 쌈채소로 먹기도 한다.

모시잎 송편

재료

모시잎 250g, 멥쌀가루 1kg, 소금 10g, 물 1컵

소 : 통깨 60g, 설탕 50g, 소금 $\frac{1}{4}$작은술, 동부콩 200g, 설탕 30g, 소금 $\frac{1}{4}$작은술

만드는 법

1. 모시잎은 끓는 물에 소금을 넣고 삶아 찬물에 담갔다가 건져 물기를 짠다.
2. 쌀가루에 모시잎을 섞어 방아에 빻는다.
3. 모시잎 쌀가루에 끓는 물을 넣고 익반죽 한다.
4. 통깨는 설탕, 소금을 넣고 섞어 소를 만든다.
5. 동부콩은 5시간 불려 찜솥에 40분 쪄고 소금을 넣어 섞은 후 방망이로 빻아 소를 만든다.
6. 모시잎 반죽을 동그랗게 빚어 가운데를 파고 소를 넣어 송편을 만든다.
7. 김 오른 찜솥에 모시잎 송편을 넣고 25분 찌고 5분 뜸 들인다.
8. 찬물에 씻어 건져 참기름을 바른다.

TIP

* 모시잎은 여름에 여린잎을 따서 사용한다.
* 모시잎은 비타민과 섬유질이 많아 잘 굳지 않는다.
* 모시잎송편은 경상도, 전라도지방에서 즐겨 먹는 떡이다.

안동헛제삿밥

재료

멥쌀 2.5컵, 물 3컵, 쇠고기(우둔) 100g, 고사리 50g, 시금치 100g, 숙주나물70g, 무 100g, 소금 $\frac{1}{4}$작은술, 두부100g, 소금 $\frac{1}{4}$작은술, 달걀 2개, 고등어 100g, 소금 $\frac{1}{2}$작은술, 식용유 2큰술

양념장 : 간장 1작은술, 설탕 $\frac{1}{2}$작은술, 다진 파 1작은술, 다진 마늘 $\frac{1}{2}$ 작은술, 깨소금 $\frac{1}{2}$작은술, 후춧가루 0.1g, 참기름 $\frac{1}{2}$작은술

시금치 양념 : 소금 $\frac{1}{4}$작은술, 참기름 $\frac{1}{4}$작은술, 깨소금 $\frac{1}{4}$작은술

숙주양념 : 소금 $\frac{1}{4}$작은술, 다진 파 $\frac{1}{2}$작은술, 깨소금 $\frac{1}{2}$작은술, 참기름 $\frac{1}{2}$작은술

무 양념 : 참기름 $\frac{1}{4}$작은술, 깨소금 1작은술, 물 4큰술

비빔양념장 : 국간장 1$\frac{1}{2}$큰술, 설탕 $\frac{1}{4}$작은술, 깨소금 $\frac{1}{2}$큰술, 참기름 1큰술

만드는 법

1. 멥쌀은 깨끗이 씻어 체에 건져 30분 정도 두었다가 밥을 한다.
2. 쇠고기는 핏물을 닦고 길이 6cm, 폭·두께 0.3cm 정도로 채 썰고, 고사리는 깨끗이 씻어 길이 5cm 정도로 썰어. 양념장을 나누어 넣고 각각 양념하여 볶는다.
3. 시금치는 다듬어 데친 후 찬물에 담갔다가 양념하여 무친다.
   숙주나물은 깨끗이 씻어 데친 후 양념하여 무친다.
4. 무는 다듬어 씻어 길이 6cm 폭·두께 0.3cm 정도로 채 썰어 소금을 넣고 10분 정도 절인 다음 팬에 기름을 두르고 양념하여 하얗게 볶는다.
5. 두부는 두께 0.7cm 정도로 자르고 소금을 뿌려 5분 정도 두었다가 기름을 두르고 지진다.
6. 달걀은 물에 소금을 넣고 15분 정도 삶은 후 껍질을 벗기고 4등분 한다.
7. 고등어는 손질하여 씻고, 소금을 뿌려 2시간 정도 두었다가 찜통에 찐다.
8. 그릇에 밥을 담고, 준비한 재료를 색을 맞추어 얹고, 비빔양념장을 곁들인다.

TIP

* 헛제사밥은 비빔장으로 고추장을 사용하지 않는다.
* 제철에 나는 산채를 다양하게 사용하기도 한다.
* 헛제사밥을 비빌 때는 숫가락보다 젓가락으로 비벼야 밥이 뭉쳐지지 않아 좋다.

멍게비빔밥

재료

멍게 5개, 잘게 썬 배추김치 1컵, 영양부추 30g, 깻잎 7장 , 김 2장, 밥 2공기, 통깨 1큰술, 참기름 1큰술

멍게 양념 : 양파즙 1작은술, 레몬즙 1 작은술, 참기름 $\frac{1}{2}$작은술초고추장: 고추장 3큰술, 식초 2큰술, 탄산수 3큰술, 물엿 1큰술, 양파즙 1큰술

만드는 법

1. 멍게는 한쪽 끝 부분을 자른 뒤 멍게 살을 발라내고 내장을 제거한다.
2. 멍게 살에 멍게 양념을 뿌려 둔다.
3. 달군 팬에 기름을 두르고 잘게 썬 배추김치를 볶는다.
4. 영양부추와 깻잎은 5㎝ 길이로 자르고 김은 살짝 구워 부순다.5. 그릇에 밥을 담고 김치, 영양부추, 깻잎, 김을 담고 멍게 살을 얹어 통깨, 참기름을 뿌린다.
6. 초고추장을 만들어 곁들인다.

TIP

* 멍게는 통영지방에서 5월에 속이 꽉 찬 것을 최고로 친다.
* 멍게 비빔밥은 멍게 향을 살려 참기름, 깨만 넣고 먹기도 한다.
* 멍게는 멍게 속에서 나온 물로 씻어 먹기 좋은 크기로 자른다.

충무김밥

재료

밥 2공기, 김 4장, 오징어 1마리, 무 $\frac{1}{2}$개, 깨소금 1큰술, 참기름 2큰술

오징어 양념 : 까나리액젓 1큰술, 고춧가루 2큰술, 설탕 1큰술, 물엿 1작은술, 식초 2큰술, 다진 파 1작은술, 다진 마늘 1작은술, 통깨 1작은술, 후춧가루 $\frac{1}{8}$작은술, 참기름 1작은술

무 양념 : 멸치액젓 2큰술, 고춧가루 3큰술, 설탕 2큰술, 식초 3큰술, 다진 마늘 1큰술, 다진 파 1큰술, 다진 생강 $\frac{1}{2}$작은술, 깨소금 1작은술

만드는 법

1. 김은 아무것도 바르지 않은 상태로 석쇠에서 2장씩 살짝 구워 4등분 한다.
2. 오징어는 몸통을 반으로 갈라 내장을 제거하고 씻어 몸통은 가로 2㎝, 세로 4㎝ 크기로 썰고, 다리는 4㎝ 길이로 썬다.
3. 오징어는 끓는 물에 소금을 넣고 살짝 데쳐 물기를 빼고 양념에 무친다.
4. 무를 큼직하게 썰어 반나절 정도 채반에 널어 말리고 양념에 버무린다.
5. 따뜻한 밥은 깨소금, 참기름에 버무린다.
6. 김발에 김을 깔고 밥을 고르게 펴서 돌돌 만다.
7. 김밥에 오징어무침과 무김치를 곁들여 낸다.

TIP

- ★ 오징어와 어묵을 양념하여 버무리기도 한다.
- ★ 충무김밥은 뱃일을 나가는 어부들이 손쉽게 먹기 위해 만들어 먹었다.

굴떡국

재료

흰떡국떡 300g, 굴 200g, 달걀 1개, 김 1장. 대파 1대, 다진 마늘 $\frac{1}{2}$큰술, 깨소금 1작은술, 후춧가루 $\frac{1}{8}$작은술, 국간장 1작은술, 소금 $\frac{1}{2}$작은술

육수 : 멸치 30g, 나시바 20g, 물 10깁

만드는 법

1. 굴은 소금물에 씻어 굴깍지를 떼어 체에 건진다.
2. 달걀은 황백으로 나눠 지단을 부쳐 마름모로 썬다.
3. 김은 구워 잘게 부수고 대파는 어슷 썬다.
4. 멸치, 다시마로 육수를 낸다.
5. 육수가 끓으면 흰떡을 넣고 떠오를 때 굴, 대파, 다진 마늘을 넣고 국간장과 소금으로 간을 한다.
6. 떡국을 담고 달걀 지단과 김을 올린다.
7. 깨소금과 후춧가루를 얹는다.

TIP

* 경상도 지방은 고기 육수 보다 멸치 장국으로 떡국을 한다.
* 경상도, 충청도 바닷가 지역에서 굴떡국을 즐긴다.

재첩국

재료

재첩 3컵, 물 7컵, 부추 50g, 청양고추 1개, 홍고추 $\frac{1}{2}$개, 다진 마늘 1작은술, 생강즙 1작은술, 소금 약간, 후추 약간

만드는 법

1. 재첩은 박박 문질러 씻는다.
2. 냄비에 재첩과 물을 부어 한 번 끓어오르면 불을 줄인다.
3. 재첩이 입을 모두 벌리면 끓인 재첩을 어레미에 붓고 재첩살과 껍질을 분리한다.
4. 재첩국물에 소금을 넣어 간을 맞춘다.
5. 재첩 삶은 국물에 재첩건더기를 담고 송송 썬 부추, 청양고추, 홍고추를 넣는다.
6. 다진 마늘, 생강즙, 후추를 넣고 불을 끈다.

TIP

* 재첩국은 재치국이라고도 하며 경상도 지방의 향토음식이다.
* 재첩은 단백질, 칼슘, 철분이 다른 조개류 보다 많아 숙취해소에 도움을 준다.

마산아귀찜

재료

아귀 800g, 미더덕 200g, 콩나물 600g, 미나리 100g, 대파1대, 풋고추 2개, 붉은 고추 1개, 콩나물 데친 물 1컵, 찹쌀 가루 3큰술, 전분 1큰술, 물 5큰술, 참기름 1큰술, 소금 $\frac{1}{4}$작은술, 후춧가루 $\frac{1}{8}$작은술

양념장 : 간장 2큰술, 고추장 1큰술, 고춧가루 6큰술, 다진 마늘 2큰술, 다진 파 2큰술, 청주 2큰술, 생강즙 1큰술, 설탕 2큰술, 깨소금 1큰술

만드는 법

1. 아귀는 큼직하게 잘라 소금물에 씻어 채반에 하루 정도 말리고 미더덕은 주물러 씻는다.
2. 냄비에 물이 끓으면 아귀를 넣고 5분 정도 데쳐 건진다.
3. 콩나물은 머리, 꼬리를 떼고 미나리는 다듬어 5㎝ 길이로 자른다.
4. 대파와 고추는 어슷 썰고 찹쌀 가루와 전분을 물에 개어 놓는다.
5. 양념장을 만든다.
6. 냄비에 콩나물 데친 물과 아귀, 미더덕을 넣어 10분 정도 익힌다.
7. 콩나물과 양념장을 넣고 골고루 뒤적여 버무린 후 미나리, 대파, 고추를 넣는다.
8. 찹쌀물을 넣어 농도를 맞추고 참기름, 후추를 넣고 뒤적인다.

TIP

* 아귀는 인천에서 물텀벙이로도 불린다. 모양이 흉하고 맛이 없어 보여 그물에서 떼어 바다로 집어 던지는 소리가 '텀벙' 난다고 하여 붙여진 이름이다.
* 아귀는 살이 물컹거려 잘 마르지 않기 때문에 겨울 바람에 10여일 정도 말린다.

동래파전

재료

쪽파 150g, 오징어 $\frac{1}{4}$마리, 굴 50g, 조갯살 50g, 홍합 50g, 홍고추 1개, 밀가루 1컵, 찹쌀 가루 1/3컵, 디포리육수 1컵, 소금 $\frac{1}{2}$작은술, 달걀 1개, 식용유 5큰술

만드는 법

1. 쪽파를 다듬어 씻고 뿌리 쪽은 칼등으로 두드려 길이를 반 자른다.
2. 오징어는 내장을 제거하고 손질한 후 2~3㎝ 길이로 채 썬다.
3. 굴, 조갯살, 홍합은 소금물에 씻어 반 분량을 대강 다지고 나머지 반 분량은 그대로 둔다.
4. 홍고추는 어슷 썰어 씨를 뺀다.
5. 디포리육수에 밀가루, 찹쌀 가루, 소금을 넣어 반죽물을 만들고 다져놓은 해물을 섞는다.
6. 기름 두른 팬에 쪽파를 놓고 해물을 얹어 반죽물을 한 국자씩 떠 얇게 덮는다.
7. 반죽의 아랫면이 다 익으면 뒤집어 달걀을 깨서 얹고 다시 뒤집어서 익힌다.

TIP

* 동래파전은 찹쌀 가루가 들어가고 달걀을 위에 올리는 것이 특징이다.
* 파전을 두껍게 부치면 달걀을 깨서 위에 얹고 뚜껑을 덮어 익히기도 한다.
* 디포리는 밴댕이라는 작은 생선을 말린 것으로 멸치 대신 육수로 사용한다.

배추전

재료

배추잎 10장, 식용유 10큰술, 메밀부침가루 1컵, 소금 $\frac{1}{2}$작은술, 물 1컵

만드는 법

1. 배추 잎은 깨끗이 씻어 두꺼운 줄기부분을 포 뜨듯이 떠낸다.
2. 메밀부침가루에 소금, 물을 넣고 반죽을 한다.
3. 배추 잎에 반죽액을 묻혀 식용유를 두른 팬에 지진다.

TIP

* 김장철 배추가 아삭하고 담백한 맛이 있다.
* 배추를 살짝 절여서 부치기도 한다.
* 무는 둥글고 얇게 썰어 무전을 부치기도 한다.

돔배기적

재료

상어(돔배기) 500g
양념 : 간장 2큰술, 물 4큰술, 올리고당 2큰술, 청주 1큰술, 참기름 1작은술

만드는 법

1. 돔배기는 물에 담가 짠맛을 없애고 양념하여 그늘에 4시간 정도 말린다.
2. 돔배기를 꼬치에 3개씩 끼운다.
3. 팬에 기름을 두르고 돔배기를 앞뒤로 굽는다.

TIP

* 돔배기는 토막낸 고기라는 뜻으로 상어를 토막낸 것을 말한다.
* 경북 일부 지방에서는 제사상에 빠지지 않고 오르는 제수음식 중 하나이다.

과메기쌈

재료

과메기 500g, 다시마(염장) 100g, 실파 50g, 마늘 10쪽, 청고추 2개, 홍고추 2개

초고추장 : 고추장 3큰술, 고춧가루 1작은술, 설탕 2큰술, 식초 3큰술

만드는 법

1. 과메기는 꼬리와 지느러미를 자르고 등껍질을 벗긴 후 4~5㎝ 길이로 썬다.
2. 염장된 다시마는 흐르는 물에 소금기를 깨끗하게 씻고 5㎝ 길이로 썬다.
3. 실파는 깨끗하게 씻어 뿌리를 자르고 4㎝ 길이로 썬다.
4. 마늘은 마늘 모양을 살려 두께 0.2㎝ 편으로 썬다.
5. 청고추와 홍고추는 어슷 썰어 씨를 턴다.
6. 분량의 양념을 섞어 초고추장을 만든다.
7. 큰 접시에 과메기와 채소를 돌려 담고 초고추장을 곁들여낸다.

TIP

* 과메기는 포항 구룡포 방언으로 청어의 눈을 꼬챙이로 꿰어 말렸다는 관목(貫目)에서 '관메기', 다시 '과메기'로 불려졌다.
* 예전에는 청어를 얼렸다 녹였다 반복하면서 그늘에 말렸는데, 요즘은 꽁치를 말리기도 한다.
* 생미역이나 생김등 여러 가지 채소와 함께 싸서 먹기도 한다.

콩잎된장장아찌

재료

콩잎 1kg, 소금1컵, 물 10컵, 된장 5컵

장 : 간장 2컵, 물 2컵, 식초 1컵, 설탕 1컵, 마른 고추 3개

만드는 법

1. 여린 콩잎은 깨끗이 씻어 20장씩 묶는다.
2. 소금과 물을 끓여 콩잎에 부은 후 일주일 삭힌다.
3. 삭힌 콩잎은 씻어서 물기를 뺀다.
4. 콩잎을 항아리에 차곡차곡 담고 장을 끓여 식혀 붓는다.
5. 간장만 따라 내어 끓여 식으면 붓기를 2-3번 한다.
6. 한달 후 콩잎을 꺼내 꼭 짠 후 항아리에 담고 된장을 덮는다.

TIP

* 누렇게 단풍 든 콩잎은 삶아서 물에 담갔다가 김치양념에 버무려 먹기도 한다.
* 콩잎은 간장에 양념하여 장아찌를 하기도 하고, 젓갈에 양념하여 장아찌를 만들기도 한다.
* 콩잎에는 이소플라본 등 항산화성분이 있어 성인병예방에 도움이 된다.
* 콩잎은 깻잎보다 질기지만 고소한 맛이 있다.

안동식혜

재료

찹쌀 1㎏, 엿기름 600g, 물 5ℓ , 무 300g, 배 $\frac{1}{2}$개, 생강 20g, 고운 고춧가루 $\frac{1}{4}$컵, 설탕 $\frac{1}{2}$컵,

만드는 법

1. 찹쌀은 깨끗하게 씻어서 3시간 정도 물에 불렸다가 고두밥을 찐다.
2. 엿기름은 물에 불려 고운 자루에 넣어 주물러 걸러서 엿기름물을 만든 다음 가라앉혔다가 맑은 윗물만 따라낸다.
3. 무와 배는 얇게 썰어 사방 0.5㎝의 사각형 모양으로 썬다.
4. 생강은 가늘게 채 썬다.
5. 걸러 둔 엿기름물에 고운 고춧가루를 주머니에 넣고 주물러 빨갛게 고춧물을 들인다.
6. 보온밥솥에 고두밥과 빨간 엿기름물을 부어 섞는다.
7. 썰어둔 무, 생강을 넣는다.
8. 3~5시간 삭아 밥알아 뜨면 찬 곳으로 옮겨 하루가 지난 다음 먹는다.
9. 설탕은 식혜가 삭은 후 먹을 때 기호에 맞게 넣는다.

TIP

* 식혜에 살얼음으로 얼려 잣이나 밤을 썰어 넣어 먹기도 한다.
* 안동식혜는 겨울철에 왕실에서도 즐겨 먹던 음식이다.

깅이죽

재료

깅이(갱이) 200g, 불린 쌀 1컵, 참기름 1큰술, 물 7컵, 소금 1작은술

만드는 법

1. 깅이는 살아 있는 것으로 옅은 소금물에 담가 해감 시킨 후 여러번 씻는다.
2. 깅이에 물 2컵을 붓고 믹서에 곱게 갈아 체에 밭쳐 가며 깅이국물을 만든다.
3. 쌀은 2시간 물에 불린다.
4. 냄비에 참기름을 두르고 쌀을 볶다가 쌀알이 투명해지면 깅이국물을 넣고 저어가며 죽을 쑨다.
5. 쌀알이 퍼지면 소금 간을 한다.

TIP

* 깅이는 제주도 방언으로 자그마한 돌게를 뜻한다.
* 제주도 해녀들의 영양죽으로 '갱이' 라고도 한다.
* 깅이는 칼슘, 인, 키토산이 많아 관절염, 허약체질에 도움이 된다.
* 깅이죽은 쌀 대신 조를 넣기도 한다.

몸국

재료

몸(모자반) 300g, 미역귀 150g, 돼지등뼈 1kg, 메밀가루 $\frac{1}{2}$컵, 물 $\frac{1}{2}$컵, 대파 1개, 다진 마늘 2큰술, 국간장 2큰술

향채 : 마늘20g, 생강 10g, 된장 1큰술, 통후추 1큰술, 양파 1개, 월계수잎 2장

만드는 법

1. 몸은 깨끗이 씻어 끓는 물에 2분 정도 데쳐 5㎝ 길이로 자른다.
2. 미역귀도 깨끗이 씻어 자른다.
3. 돼지등뼈는 3시간 정도 찬물에 담궈 핏물을 빼고 한번 삶아 낸다.
4. 냄비에 물을 넉넉히 붓고 돼지등뼈, 마늘, 생강, 된장, 통후추, 양파, 월계수잎을 넣고 2시간 정도 삶아 뼈에 붙은 고기는 발라 둔다.
5. 메밀가루는 물에 개어 둔다.
6. 돼지 육수에 살코기, 미역귀, 대파, 마늘을 넣고 끓으면 몸을 넣는다.
7. 국간장으로 간을 하고 메밀물을 풀어 넣는다.

TIP

* 몸국은 잔치날 돼지를 잡아서 삶아 그 국물에 모자반(몸), 돼지내장, 메밀가루 등을 넣고 끓인 제주도 토속음식이다.
* 모자반의 끈적한 액은 알긴산으로 변비예방에 좋다.
* 청양고추나 고춧가루를 넣어서 먹기도 한다.

성게미역국

재료

성게 100g, 전복 2개, 미역 30g, 물 5컵, 국간장 1작은술, 액젓 $\frac{1}{2}$작은술, 참기름 1큰술

만드는 법

1. 살아 있는 성게는 껍질을 까서 노란 알을 꺼낸다.
2. 전복은 껍질을 떼어내고 소금으로 문질러 씻은 후 저며 썬다.
3. 미역을 물에 담가 불린 후 씻어서 5㎝ 길이로 자른다.
4. 냄비에 참기름을 두르고 썰어 놓은 미역을 살짝 볶은 후 물을 붓고 국을 끓인다.
5. 국이 끓어오르면 성게알과 전복을 넣고 한소끔 다시 끓인 후 국간장과 액젓으로 간을 맞춘다.

TIP

* 성게는 봄부터 여름까지 바다에서 많이 잡히는데 껍질을 깨면 노란 알이 나온다.
* 성게는 우리말로 밤송이조개라고 하는데 노란색이 진한 것이 좋다.
* 성게알에는 단백질, 비타민, 철분이 많아 성게젓을 담기도 한다.

갈치호박국

재료

갈치(중) 1마리, 늙은 호박 200g, 배추잎 5잎, 새우 50g, 풋고추 2개, 홍고추 1개, 대파 1뿌리, 다진 마늘 1큰술, 국간장 1큰술, 소금 1작은술, 생강 1작은술, 물 7컵,

만드는 법

1. 싱싱한 갈치는 비늘과 지느러미, 내장을 제거한 후 5㎝ 길이로 토막을 내고 깨끗이 씻는다.
2. 늙은 호박은 껍질을 벗기고 5㎝ 길이로 큼직하게 썬다.
3. 배추잎은 5㎝ 길이로 자른다.
4. 새우는 연한 소금물에 흔들어 씻는다.
5. 풋고추, 홍고추는 어슷하게 썰어 씨를 빼고 대파도 어슷하게 썬다.
6. 냄비에 늙은 호박, 물을 넣어 끓기 시작하면 손질해둔 갈치, 배추잎을 넣어 끓인다.
7. 새우를 넣고 다진 마늘을 넣은 후 국간장과 소금으로 간을 하고 다진 생강을 넣는다.
8. 홍고추와 대파를 넣는다.

TIP

* 갈치호박국은 낚시로 잡은 싱싱한 갈치를 이용하여 끓이는 제주도 지방의 음식이다.
* 갈치호박국은 뜨거울 때 먹어야 맛을 즐길 수 있다.

옥돔구이

재료

옥돔 2마리, 소금 2큰술, 참기름 1작은술

만드는 법

1. 옥돔은 비늘을 긁고 내장을 제거한 후 깨끗이 씻어 소금 간하여 꾸덕꾸덕하게 말린다.
2. 옥돔의 앞뒤로 참기름을 바르고 석쇠에 굽는다.

TIP

* 옥돔은 비린내가 없고 맛이 담백하고 감칠맛이 있어 임금님에게 진상하던 생선이다.
* 옥돔은 색이 밝고 붉은 빛을 띠고 등쪽에 노란선이 있는 것이 좋다.
* 옥돔은 단백질과 미네랄이 풍부하여 산후조리 음식으로 효과가 있어 미역국을 끓일 때 넣기도 한다.

고사리전

재료

고사리 200g, 풋고추 2개, 홍고추 1개, 달걀 1개, 밀가루 1컵, 식용유 반컵

양념장 : 간장 2큰술, 다진 파 1큰술, 다진 마늘 1큰술, 깨소금 1작은술, 후춧가루 약간, 참기름 1큰술

초간장 : 간장 2큰술, 설탕 1작은술, 식초 1큰술, 물 1큰술

만드는 법

1. 고사리는 길이가 긴 것은 반 잘라 양념장에 조물조물 무쳐 볶는다.
2. 풋고추, 홍고추는 어슷 썬다.
3. 달걀을 풀어 물과 밀가루를 넣어 반죽액을 만든다,
4. 반죽액에 고사리를 넣어 섞는다.
5. 팬에 식용유를 두르고 반죽을 둥글게 펴서 지지다가 풋고추, 홍고추를 올린다.
6. 앞뒤로 노릇하게 지져 초간장을 곁들인다.

TIP

* 고사리는 4~5월에 채취하는데 줄기가 짧고 색이 연한 것이 맛있다.
* 고사리를 말릴 때는 꼬부라진 머리 부분을 떼고 소금물에 데쳐 말린다.
* 마른 고사리는 삶아낸 뒤 물을 갈아주며 불려야 쓴맛을 없앨 수 있다.
* 고사리는 한뿌리에 하나의 줄기가 나오며 고비는 한뿌리에 여러 줄기가 나온다.

한치물회

재료

한치 1마리 200g, 배 100g, 양배추 200g, 양파 $\frac{1}{2}$개, 깻잎 30g, 미나리 70g, 청양고추 2개, 참기름 1큰술, 와사비 1작은술, 통깨 1큰술, 국수사리 100g, 얼음 적당량

육수 : 배 50g, 양파 50g, 마늘 20g, 물 4컵, 초고추장 5큰술, 사이다 5큰술

초고추장 : 고추장1큰술, 식초2큰술, 설탕1큰술, 물엿1큰술

만드는 법

1. 한치는 내장을 제거하고 껍질을 벗겨 가늘게 채썰어 놓는다.
2. 배, 양배추,양파, 깻잎은 곱게 채썰어 물에 담구어 싱싱하게 한다.
3. 미나리는 5㎝ 길이로 썰고 청양고추는 곱게 다진다.
4. 배, 양파, 마늘을 믹서에 곱게 갈아 체에 내리고 물, 초고추장, 사이다를 섞는다.
5. 완성 그릇에 야채를 담고 위에 한치,청양고추를 올리고 육수를 붓는다.
6. 얼음을 띄우고 기호에 따라 참기름, 와사비, 통깨를 추가한다.
7. 국수를 삶아 곁들여 낸다.

TIP

* 한치 대신 오징어, 전복, 광어, 도다리, 우럭 등으로 물회를 먹기도 한다.
* 물회는 붉은살 생선으로는 하지 않는다.
* 물회를 먹고 나서 국수나 밥을 넣어서 먹기도 한다.
* 제주도에서는 물회에 된장을 넣기도 한다.

돔베고기

재료

제주도 토종돼지 삼겹 1kg, 통마늘 2개, 대파 1, 통후추 5알, 마른 귤껍질 2개, 된장 2큰술, 자리젓 3큰술, 쌈채소 약간

만드는 법

1. 삼겹살을 씻어 물을 붓고 20분 정도 끓이다가 통마늘, 대파, 통후추, 귤껍질, 된장을 넣고 1시간 더 끓인다.
2. 삼겹살이 속까지 익으면 꺼내 돔베로 옮겨 따뜻할 때 두께 0.5cm로 썬다.
3. 자리젓이나 멸치젓에 여러 가지 쌈채소를 곁들인다.

TIP

* 돔베는 제주방언으로 부엌에서 사용하는 나무도마를 말한다.
* 고기를 삶아 바로 도마에서 썰어 놓고 먹는다 하여 돔베고기라 한다.

자리젓

재료

자리 1kg, 천일염 250g

만드는 법

1. 자리는 싱싱하고 작은 것을 골라 소금을 넣고 버무린다.
2. 버무린 자리젓을 항아리에 담고 웃소금을 얹어 면보로 덮어 서늘한 곳에 4~5개월 숙성시킨다.
3. 숙성된 자리젓은 꺼내 풋고추, 고춧가루, 파, 마늘, 참기름에 무친다.

TIP

* 자리는 도미의 한 종류인 자리돔을 말하는데 5월~8월이 산란기로 맛이 좋다.
* 자리는 제주도에서 즐기는 별미로 소금 뿌려 굽거나 간장에 조리거나 물회를 하기도 한다.

빙떡

재료

메밀가루 2컵, 물 2컵, 소금 1작은술, 무 400g, 식용유 반컵

양념 : 소금 1작은술, 다진 파 1큰술, 다진 마늘 1작은술, 깨소금 1큰술, 참기름 1큰술

만드는 법

1. 메밀가루는 물을 넣고 소금으로 간 해 반죽액을 만든다.
2. 무는 0.5㎝두께로 채 썰어 끓는 물에 데친 후 양념에 무친다.
3. 팬에 식용유를 두르고 메밀 반죽액을 한 국자 떠서 둥글게 부친다.
4. 메밀부침에 무를 넣고 돌돌 말아 양 끝을 눌러 준다.

TIP

* 빙떡은 빙빙 돌려 말아 만들어서 붙여진 이름이다.
* 멍석처럼 말아 감았다고 해서 멍석떡이라고도 한다.
* 메밀전이 뜨거울 때 말아야 잘 말아진다.

오메기떡

재료

차조 500g, 찹쌀 1kg, 팥 500g, 소금 2큰술, 설탕 1컵

만드는 법

1. 차조와 찹쌀은 깨끗이 씻어 6시간 정도 물에 불린다.
2. 소쿠리에 건져 물기를 빼고 소금을 넣어 가루로 빻는다.
3. 팥은 물을 부어 5분 정도 끓으면 물을 버리고, 다시 물을 부어 1시간 정도 무르게 삶는다. 뜨거울 때 소금을 넣고 섞어 방망이로 반 정도 으깬다.
4. 팥이 식으면 설탕을 넣어 팥고물을 만든다.
5. 차조가루와 찹쌀 가루는 끓는 물에 익반죽하여 직경 5㎝ 로 둥글게 빚어 가운데 구멍을 낸다.
6. 끓는 물에 반죽을 넣고 떠오르면 불을 약하게 하여 5분 정도 두었다가 찬물에 담궈 식으면 꺼낸다.
7. 반죽을 팥고물에 무친다.

TIP

* 오메기는 제주도 방언으로 차조를 말한다. 오메기떡에 사용되는 차조는 일명 '흐린 좁쌀'이라고 하는 검은색 차조를 사용한다.
* 오메기떡은 오메기술을 만들다가 중간에 남은 차조로 떡을 만들어 먹으면서 시작되었다.
* 술이 발효가 잘 되게 하기 위해서 가운데 구멍을 뚫었다.
* 오메기 반죽에 팥고물이나 콩고물을 묻혀 먹었다.

해주비빔밥

재료

쌀 2컵, 닭고기 400g, 고사리 150g, 도라지 100g, 미나리 100g, 숙주나물 100g, 김 2장, 달걀 2개, 소금 1작은술, 식용유 1큰술

닭고기 양념 : 소금 1작은술, 다진 파 2작은술, 다진 마늘 1작은술, 후춧가루 $\frac{1}{8}$작은술

고사리나물 양념 : 국간장 1작은술, 다진 파 1작은술, 다진 마늘 $\frac{1}{2}$작은술, 깨소금 $\frac{1}{2}$작은술, 참기름 $\frac{1}{2}$작은술, 물 2큰술

도라지나물 양념 : 소금 $\frac{1}{2}$작은술, 다진 파 1작은술, 다진 마늘 $\frac{1}{2}$작은술, 깨소금 $\frac{1}{2}$작은술, 참기름 $\frac{1}{2}$작은술

미나리나물 양념 : 국간장 $\frac{1}{2}$작은술, 다진 파 1작은술, 다진 마늘 $\frac{1}{2}$작은술, 깨소금 $\frac{1}{2}$작은술, 참기름 $\frac{1}{2}$작은술

숙주나물 양념 : 소금 $\frac{1}{2}$작은술, 다진 파 1작은술, 다진 마늘 $\frac{1}{2}$작은술, 깨소금 $\frac{1}{2}$작은술, 참기름 $\frac{1}{2}$작은술

만드는 법

1. 쌀은 씻어 체에 건져 30분 불린 후 밥을 짓는다.
2. 닭고기는 삶아서 0.5㎝ 두께로 찢어 양념에 무치고 국물은 맑게 걸러서 소금으로 간을 맞춘다.
3. 고사리는 손질하여 양념한 후 기름에 볶아 부드럽게 익힌다.
4. 도라지는 가늘게 찢어 소금으로 주물러 쓴맛을 빼고 양념하여 기름을 두르고 볶는다.
5. 미나리는 다듬어 끓는 물에 소금을 넣어 데친 후 5㎝ 길이로 잘라 양념한다.
6. 숙주나물은 거두절미하여 데친 후 물기를 꼭 짜고 양념하여 무친다.
7. 달걀은 황, 백으로 지단을 부쳐서 3㎝ 길이로 채 썬다.
8. 팬에 식용유를 두르고 밥을 볶으면서 소금으로 간을 맞춘다.
9. 볶은 밥은 그릇에 담고 그 위에 닭고기와 준비된 나물을 보기 좋게 색을 맞춰 돌려 담은 다음 황, 백지단과 구워서 부순 김을 고명으로 얹어 닭고기 육수와 같이 낸다.

TIP

* 해주비빔밥은 모양이 아름다워 해주교반이라고 한다.
* 황해도 해주 수양산에서 나는 고사리와 닭고기로 만들어 밥을 볶아서 만든 비빔밥이다.
* 가을에는 송이버섯을 채 썰어 볶아 넣기도 한다.

남매죽

재료

붉은 팥 2컵, 물 12컵, 찹쌀 가루 $\frac{1}{2}$컵, 물 1컵, 밀가루 1컵, 반죽 물 5큰술, 소금 1작은술

만드는 법

1. 냄비에 팥과 물을 붓고 5분 정도 끓여 팥물은 따라 버리고, 다시 냄비에 물을 붓고 팥이 무르도록 1시간 20분정도 푹 삶는다.
2. 팥은 뜨거울 때 체에 내린 후, 껍질은 버리고 팥물은 30분 정도 가라앉힌다.
3. 찹쌀 가루는 물에 개어 놓는다.
4. 밀가루는 소금과 물을 넣고 반죽하여 밀어 편 다음 굵게 채 썰어 둔다.
5. 냄비에 팥앙금 웃물을 붓고 끓이다가 가라앉힌 팥앙금을 넣는다.
6. 물에 갠 찹쌀물을 넣고 나무주걱으로 저으면서 끓인다.
7. 죽이 농도가 나면 썰어 둔 칼국수를 넣고 끓이다가 소금으로 간을 맞춘다.

TIP

* 팥을 삶을 때 처음 팥물은 씁쓸한 맛이 나기 때문에 버리고 한다.
* 남매죽은 오누이죽이라고도 하며 더운 삼복에도 질병을 물리친다고 하였다.

잡곡부치개

재료

불린 메주콩 1컵, 불린 멥쌀 1컵, 불린 녹두 1컵, 물 2컵, 배추김치 120g, 숙주 100g, 다진 돼지고기 100g, 풋고추 2개, 홍고추 1개, 소금 1작은술, 식용유 $\frac{1}{2}$컵

양념 : 소금 1작은술, 다진 파 1작은술, 다진 마늘 1작은술, 깨소금 1작은술, 후추 약간, 참기름 1큰술

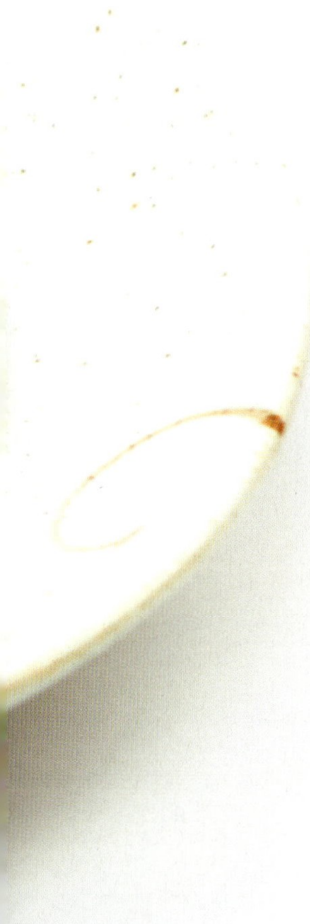

만드는 법

1. 불린 콩, 불린 멥살, 불린 녹두는 물과 소금을 넣고 믹서에 간다.
2. 배추김치는 소를 털어내고 송송 썬다.
3. 숙주는 끓는 물에 소금을 넣고 데치고 물기를 짜서 송송 썬다.
4. 다진 돼지고기와 숙주에 양념을 반반씩 나누어 섞는다.
5. 풋고추와 홍고추는 어슷 썬다.
6. 잡곡 같은 것에 배추김치, 숙주, 돼지고기를 넣고 섞는다.
7. 달군 팬에 식용유를 두르고 반죽을 한국자 놓고 풋고추, 홍고추를 얹어 앞뒤로 노릇하게 지진다.

TIP

* 잡곡부치개는 모양이 흐트러지지 않을 정도의 크기로 부친다.
* 전은 중약 불에서 서서히 익혀야 타지 않고 속까지 익는다.

행적

재료

배추김치 150g, 깨소금 1작은술, 참기름 1작은술, 돼지고기(삼겹살) 150g, 쪽파 100g, 밀가루 5큰술, 달걀 2개, 식용유 5큰술, 꼬치 8개

양념장 : 간장 1큰술, 설탕 1작은술, 다진 파 1작은술, 다진 마늘 $\frac{1}{2}$작은술, 깨소금 1작은술, 후춧가루 $\frac{1}{8}$작은술, 참기름 1작은술

초간장 : 간장 1큰술, 식초 1큰술, 물 1큰술

만드는 법

1. 배추김치는 속을 털어 내고 길이 8cm 폭 1.5cm 정도로 썰어서 깨소금과 참기름으로 양념한다.
2. 돼지고기는 길이 9cm 폭 3cm 두께 0.5cm 정도로 썰어 양념장에 양념한다.
3. 쪽파는 손질하여 씻은 후 길이 8cm 정도로 썬다.
4. 초간장을 만든다.
5. 김치와 쪽파 · 돼지고기 · 쪽파 · 김치를 차례로 꼬치에 꿰고 밀가루를 입히고 달걀물을 씌운다.
6. 팬을 달구어 식용유를 두르고 행적을 놓은 후 중불에서 앞뒷면은 지진다.
7. 초간장과 함께 낸다.

TIP

* 황해도 지방에서 김장김치를 이용하여 해 먹던 누르미를 말한다.
* 잘 익은 김치와 돼지고기를 썰어 밀가루와 달걀을 씌워 지지는 음식으로 맛과 영양의 궁합이 잘 어울리는 음식이다.
* 고사리와 도라지를 넣기도 한다.

호박김치

재료

늙은 호박 $\frac{1}{2}$개, 열무 1단, 굵은 소금 1컵, 쪽파 100g, 찹쌀풀 $\frac{1}{2}$컵

양념 : 고춧가루 1컵, 새우젓 50g, 다진 마늘 3큰술, 다진 생강 1큰술, 소금 1작은술

만드는 법

1. 늙은 호박은 껍질을 벗겨 씨를 빼고 길이 4㎝, 두께 1㎝ 로 썰어 소금을 뿌려 20분 절여 건진다.
2. 열무는 5㎝ 길이로 썰어 소금에 절이고 쪽파는 5㎝ 길이로 썬다.
3. 열무는 씻어 건진 후 늙은 호박, 쪽파, 찹쌀풀, 양념을 섞어 버무린다.
4. 버무린 그릇에 생수와 소금을 넣고 김치국물을 만든다.
5. 항아리에 호박김치를 담고 김치국물을 붓는다.

TIP

* 호박김치는 된장을 풀고 돼지고기와 함께 지져 먹는다.
* 열무대신 무청이나 배추 절인 것을 넣기도 한다.
* 호박김치를 오래 두고 지져 먹으려면 간을 세게 한다.

백김치

재료

배추 1통, 굵은 소금 1컵, 무 200g, 배 300g, 밤 2개, 대추 1개, 석이버섯 3g, 갓 30g, 실파 30g, 잣 1큰술, 실고추 3g, 마늘 3톨, 생강 10g, 새우젓 50g, 소금 1큰술

육수 : 물 5컵. 다시마 10g

만드는법

1. 통배추는 소금에 절여 물기를 뺀다.
2. 무, 배. 밤, 대추, 석이버섯, 마늘, 생강은 채 썬다.
3. 갓, 실파, 실고추는 3㎝로 썰고, 새우젓은 다진다.
4. 무채는 소금에 20분 절이고 모든 재료를 섞어 소를 버무린다.
5. 다시마 육수를 끓여 식힌다.
6. 배추에 소를 넣고 항아리에 담아 육수를 부어 익힌다.

TIP

* 백김치는 북한 지방의 배추 동치미다.
* 북한에서는 겨울 밤, 김치 국물에 국수나 밥을 말아서 차게 먹는 풍습이 있다.

평양냉면

재료

메밀 국수(건면) 400g, 쇠고기(사태) 300g, 마늘 5쪽, 대파 10g, 양파 $\frac{1}{4}$개, 통후추 1작은술, 동치미 무 200g, 배 $\frac{1}{4}$개, 오이 $\frac{1}{4}$개, 달걀 2개

냉면 육수 : 동치미 국물 2컵, 고기 육수 3컵, 설탕 2큰술, 소금 1작은술, 식초 2큰술, 발효겨자 1작은술

만드는 법

1. 쇠고기는 핏물을 닦아 물을 붓고 끓이다가 마늘, 대파, 양파, 통후추를 넣고 1시간 정도 끓여 고기는 건져 편육으로 얇게 썰고 육수는 체에 바친다.
2. 동치미 무와 배는 납작하게 썰고, 오이는 길이로 반을 갈라 어슷하게 썰어 소금에 절였다가 물기를 짜 둔다.
3. 달걀을 완숙으로 삶아서 껍질을 벗긴 후 반으로 자른다.
4. 냉면 육수를 만든다.
5. 물이 끓으면 메밀국수를 넣고, 국수가 익으면 찬물에 3번 헹궈 사리를 지어 놓는다.
6. 대접에 사리를 담고 편육, 무, 배, 오이, 달걀을 얹어 냉면 육수를 붓는다.

TIP

* 평양냉면은 메밀이 많이 들어 있어 면발이 굵고 쉽게 끊어 진다.
* 사골이나 쇠고기를 삶아 육수를 내고 고기는 편육으로 썰어서 올린다.
* 예전에는 꿩고기를 쓰기도 했는데 양념을 적게 하여 담백한 것이 특징이다.

굴린만두

재료

쇠고기 300g, 배추김치 200g, 숙주 150g, 두부 $\frac{1}{2}$모, 달걀 1개, 육수 5컵, 밀가루 $\frac{1}{2}$컵

양념 : 소금 $\frac{1}{2}$작은술, 다진 마늘 1작은술, 다진 파 1작은술, 깨소금 1큰술, 참기름 1큰술

만드는 법

1. 쇠고기의 1/3은 곱게 다지고, $\frac{2}{3}$는 육수를 끓인다.
2. 배추김치는 물기를 짜고 곱게 다진다.
3. 숙주는 끓는 물에 소금을 넣고 데쳐 물기를 짜고 곱게 다진다.
4. 두부는 체에 내려 물기를 없앤다.
5. 달걀은 황백으로 나누어 지단을 부쳐 마름모로 썬다.
6. 재료를 모두 섞어 양념을 넣고 굴린만두 소를 만든다.
7. 소를 지름 3㎝ 로 둥글게 빚어 밀가루에 굴렸다가 물에 담그고 다시 건져 밀가루에 굴려서 옷을 입힌 다음 더운 장국에 넣어 만두국을 끓인다.
8. 그릇에 담고 달걀 고명을 올린다.

TIP

* 평안도 사람들은 정월에 떡국보다 만둣국을 많이 끓여 먹는다.
* 굴린만두는 끓는 물에 데친 다음 육수에 넣으면 국물이 맑다.
* 쇠고기와 돼지고기를 섞어서 소를 만들기도 한다.

숭어국

재료

숭어 1마리, 물 7컵, 쇠고기(양지머리) 100g, 배추 5잎, 풋고추 2개, 홍고추 1개, 대파 1뿌리, 쑥갓 10g, 달걀 1개, 다진 마늘 1작은술, 생강즙 1작은술, 국간장 1큰술, 소금 1작은술, 통후추 1큰술

양념 : 국간장 $\frac{1}{2}$작은술, 다진 파 $\frac{1}{2}$작은술, 다진 마늘 $\frac{1}{4}$작은술, 후춧가루 $\frac{1}{8}$작은술, 참기름 $\frac{1}{2}$작은술

만드는 법

1. 숭어는 비늘을 긁고 머리와 지느러미를 자른 다음 내장을 빼내어 깨끗이 씻고, 길이 4~5㎝ 정도로 자른다.
2. 머리는 깨끗이 씻어 물을 붓고 끓여 육수를 만든다.
3. 쇠고기는 핏물을 닦고 가로×세로 2.5㎝ 두께 0.3㎝ 로 썰어 양념을 넣고 양념한다.
4. 배추는 5㎝ 길이로 썰고 풋고추, 홍고추는 어슷 썬다.
5. 대파는 어슷 썰고 쑥갓은 3㎝ 길이로 썬다.
6. 달걀은 풀어 둔다.
7. 냄비에 쇠고기를 넣어 볶다가 육수를 부어 끓으면 숭어, 배추, 통후추를 넣고 서서히 끓이면서 떠오르는 거품을 걷어 낸다.
8. 숭어가 익으면 통후추는 건지고, 다진 마늘과 생강즙을 넣고 국간장과 소금으로 간을 맞춘다.
9. 숭어국이 끓으면 대파, 쑥갓을 넣고 불을 줄여 달걀을 풀어 끼얹는다.

TIP

* 평양에서는 귀한 손님에게 숭어국을 대접을 해야 한다고 여겼다.
* 잔치에도 숭어찜을 올리고 보양식으로 즐기기도 한다.

어복쟁반

재료

소 무릎도가니 1개, 양지머리 300g, 느타리버섯 100g, 표고버섯 5개, 배 $\frac{1}{2}$개, 삶은 달걀 2개, 미나리 70g, 쑥갓 50g, 은행 24알, 대파 3뿌리, 메밀국수 200g, 꼬치 3개

양념간장 : 국간장 3큰술, 다진 마늘 1작은술, 다진 파 1작은술, 설탕 $\frac{1}{2}$작은술, 깨소금 $\frac{1}{2}$작은술, 후춧가루 약간, 참기름 1작은술

만드는 법

1. 무릎도가니는 토막을 내어 물을 넉넉히 붓고 끓이다가 양지머리를 넣어 삶아서 편육과 육수를 만든다.
2. 느타리버섯은 끓는 물에 넣어 데쳐 낸 다음 0.5㎝ 굵기로 찢고 표고버섯은 모양을 살려 0.5㎝ 두께로 썬다.
3. 배는 껍질을 벗기고 씨를 뺀 다음 굵은 채로 썰고 삶은 달걀은 껍질을 벗겨 4등분 한다.
4. 미나리와 쑥갓은 다듬어 씻어 5㎝ 길이로 썬다.
5. 은행은 뜨거운 팬에서 볶아 속 껍질을 벗기고 꼬치에 3알씩 끼운다.
6. 대파는 반 갈라 5㎝ 길이로 썰고 메밀국수는 끓는 물에 삶아 찬물에 헹군 후 사리를 만들어 놓는다.
7. 큼직한 놋쟁반에 준비된 재료를 돌려 담고 가운데 양념간장 그릇을 놓은 다음 간을 맞춘 육수를 붓고 불 위에 얹어 끓인다.
8. 먹을 때 먼저 편육을 양념간장에 찍어 먹고, 메밀국수를 국물에 말아 먹는다.

TIP

* 어복쟁반은 우복(牛腹)쟁반에서 비롯되었다는 설이 있다. 우복은 소 뱃살을 뜻한다.
* 어복쟁반을 먹을 때 계속해서 더운 육수를 부어가며 먹는다.
* 유통이나 우설이 들어가면 담백하고 쫄깃한 식감이 더욱 좋다.

콩비지탕

재료

흰콩 1컵, 콩 가는 물 3컵, 돼지등뼈 1kg, 통마늘 1통, 통후추 10알, 월계수잎 2장, 얼갈이배추 200g, 새우젓 1큰술

양념장 : 국간장 $\frac{1}{2}$큰술, 소금 $\frac{1}{2}$작은술, 다진 마늘 1작은술, 다진 생강 $\frac{1}{2}$작은술, 후춧가루 0$\frac{1}{8}$작은술, 참기름 1작은술

만드는 법

1. 흰콩은 깨끗이 씻어 일어 8시간 정도 불려 믹서에 물을 넣고 곱게 간다.
2. 돼지등뼈는 물에 담궈 핏물을 빼고 끓는 물에 10분 정도 삶아 찬물에 헹군다.
3. 돼지등뼈에 물을 붓고 통마늘, 통후추, 월계수잎을 넣고 은근한 불에 2시간 정도 끓인다.
4. 얼갈이 배추는 다듬어 끓는 물에 5분 데치고 찬물에 헹궈 5㎝ 길이로 썬다.
5. 돼지등뼈에 얼갈이배추와 콩물을 넣고 30분 더 끓여준다.
6. 양념장을 넣고 새우젓으로 간을 한다.

TIP

* 얼갈이배추가 없을 때는 김장김치를 넣기도 한다.
* 콩비지탕은 두부를 만들고 남은 비지를 넣기도 한다.
* 콩비지탕은 추운 겨울을 나는 사람들에게 단백질을 보충하는 영양식이다.

녹두지짐

재료

거피 녹두 2컵, 다진 돼지고기 100g, 배추김치 100g, 숙주 100g, 풋고추 2개, 홍고추 1개, 식용유 $\frac{1}{2}$컵

고기 양념 : 간장 $\frac{1}{2}$작은술, 깨소금 1작은술, 후춧가루 $\frac{1}{8}$작은술, 참기름 1작은술

숙주 양념 : 소금 $\frac{1}{4}$작은술, 깨소금 1작은술, 후춧가루 $\frac{1}{8}$작은술, 참기름 1작은술,

만드는 법

1. 거피 녹두는 5시간 정도 물에 담가 불려서 남아 있는 껍질을 벗기고 소금을 넣어 믹서에 곱게 간다.
2. 다진 돼지고기는 양념하고 배추김치는 송송 썰어 둔다.
3. 숙주는 끓는 물에 데쳐 물기를 짜고 송송 썰어 양념한다.
4. 풋고추, 홍고추는 어슷 썬다.
5. 팬에 식용유를 두르고 녹두 간 것을 한 국자 놓고 돼지고기, 배추김치, 숙주를 올리고 위에 녹두 간 것을 한 수저 얹는다.
6. 풋고추, 홍고추를 얹고 앞뒤로 노릇하게 지진다.

TIP

* 녹두 간 것에 나물이나 김치, 고기를 골고루 섞어서 만드는 지짐으로 구수한 맛이 있다.
* 북한에서는 녹두지짐을 할 때에 돼지비계를 넣어가며 지지기도 한다.
* 녹두는 끈기가 없으므로 밑면이 완전히 익은 후 뒤집어야 부서지지 않는다.

동치미

재료

무 20개, 배 2개, 양파 1개, 삭힌 고추 10개, 쪽파 200g, 청각 30g, 생강 30g, 마늘 50g, 생수 7ℓ, 천일염 200g,

만드는 법

1. 동치미무는 깨끗이 씻어 천일염에 굴려 항아리에 차곡차곡 담아 이틀 정도 둔다.
2. 배, 양파, 삭힌 고추, 쪽파를 넣는다.
3. 면주머니에 청각, 생강, 마늘을 큼직하게 썰어 넣고 절여진 무 위에 놓는다.
4. 생수에 소금을 넣고 끓여 식힌다
5. 식힌 소금물과 무 절인 물을 섞어 소금으로 간을 맞추고 항아리에 붓는다.
6. 재료가 떠오르지 않도록 누름돌을 누르고 뚜껑을 덮어 보름 정도 둔다.

TIP

* 평양에서는 동치미를 큰 독에 담아 땅속에 묻어두고 냉면을 말아 먹는 국물로 애용했다.
* 무와 배추를 넣어 동치미를 담그면 먼저 익은 배추를 꺼내먹는 맛이 일품이다.
* 붉은 갓이나 순무를 넣으면 색이 분홍빛이 나고 향이 좋다.

노티떡

재료

찹쌀 가루 3컵, 찰기장가루 1컵, 수수가루 $\frac{1}{2}$컵, 엿기름 1컵, 소금 $\frac{1}{2}$작은술, 물 1컵, 설탕 3큰술, 식용유 1컵

만드는 법

1. 찹쌀 가루, 찰기장가루, 차수수가루에 소금을 넣고 체에 내린다.
2. 엿기름은 체에 내려서 고운 엿기름가루를 만든다.
3. 엿기름 건더기에 물을 부어 주물러 고운체에 내려 엿기름물을 만든다.
4. 곡식가루와 고운 엿기름 가루 석은 것에 엿기름물을 넣고 반죽하여, 40~50℃의 보온밥통에 담아 3시간 정도 삭힌다.
5. 삭힌 반죽은 다시 찬 곳에 (냉장고나 서늘한 곳)에서 1시간 정도 굳히면 수저로 떠도 단단한 상태가 된다.
6. 두꺼운 번철에 기름을 두르고 잘 삭혀진 반죽을 직경 6㎝ 로 동글납작하게 빚어 약한 불에서 천천히 앞뒤로 노릇하게 지진다.
7. 지진 떡은 뜨거울 때 설탕 또는 꿀을 뿌린다.

TIP

* 노티떡은 주로 명절 때 만들어 먹었던 우리 나라의 고유한 떡이다.
* 노티는 맛이 달고 새큼하며 끈기가 있다.
* 추운 지방에서 잘 굳지 않아 즐겨 먹던 떡이다.

함흥냉면

재료

냉면 국수(건면) 400g, 홍어 250g, 식초 2큰술, 다진 쇠고기 100g, 무 100g, 소금 $\frac{1}{4}$작은술, 설탕 $\frac{1}{2}$작은술, 고운 고춧가루 $\frac{1}{2}$작은술, 식초 1큰술, 오이 50g, 소금 $\frac{1}{4}$작은술, 배 50g, 설탕 1큰술, 달걀 2개, 발효겨자 1큰술

홍어 양념장 : 간장 1작은술, 소금 $\frac{1}{4}$작은술, 설탕 1큰술, 고춧가루 2큰술, 다진 파 1작은술, 다진 마늘 1작은술, 참기름 1작은술, 물엿 1큰술

고기양념장 : 간장 $\frac{1}{2}$큰술, 설탕 1작은술, 다진 파 1작은술, 다진 마늘 $\frac{1}{2}$작은술, 후춧가루 $\frac{1}{8}$작은술, 깨소금 $\frac{1}{2}$작은술, 참기름 $\frac{1}{2}$작은술

비빔양념장 : 간장 1큰술, 소금 1큰술, 설탕 4큰술, 배 100g, 양파 30g, 마른 홍고추 2개, 고춧가루 4큰술, 식초 2큰술

만드는 법

1. 홍어는 껍질을 벗겨서 0.5㎝ 두께로 썰어 식초에 버무려 30분간 재워 물기를 꼭 짜서 양념에 무친다.
2. 다진 쇠고기는 핏물을 없애고 양념하여 볶는다.
3. 무와 오이는 길이를 반 잘라 어슷하게 썰어 양념해 둔다.
4. 배는 씨를 빼고 어슷 썰어 설탕물에 담구고, 달걀은 15분 삶아 껍질 벗겨 2등분 한다.
5. 건고추는 잘라 씻어 씨를 빼고 재료를 모두 넣어 믹서에 갈아 비빔양념장을 만든다.
6. 국수는 끓는 물에 넣어 재빨리 삶아 내고, 찬물에서 여러 번 헹구어 사리를 지어 놓는다.
7. 대접에 국수사리를 담고, 그 위에 홍어회와 볶은 고기, 무, 오이, 배, 달걀을 얹은 다음 양념을 얹는다.
8. 겨자를 발효시켜 곁들인다.

TIP

* 함경도 지방에서는 고구마가 많이 나서 고구마 전분을 주로 써서 냉면 국수를 뽑았다.
* 홍어대신 코다리를 맵게 비벼서 넣기도 한다.
* 냉면 국수를 미리 양념장에 버무려 담고 고명을 얹어 내기도 한다.

원산해물잡채

재료

당면 100g, 오징어 $\frac{1}{2}$마리, 새우 50g, 홍합살 50g, 마른 표고버섯 2장, 양파 $\frac{1}{2}$개, 당근 $\frac{1}{4}$개, 풋고추 2개, 홍고추 1개, 달걀 1개, 소금 1큰술, 깨소금 $\frac{1}{2}$큰술, 참기름 1큰술

당면 양념 : 간장 2큰술, 설탕 1큰술, 다진 마늘 1큰술, 깨소금 1큰술, 청주 1큰술, 후춧가루 약간, 참기름 1큰술

간장 양념 : 간장 $\frac{1}{2}$작은술, 설탕 $\frac{1}{2}$작은술, 다진 파 $\frac{1}{2}$작은술, 다진 마늘 $\frac{1}{4}$작은술, 깨소금 $\frac{1}{2}$작은술, 참기름 1작은술

만드는 법

1. 당면은 물에 불려 끓는 물에 7분 데치고 당면 양념에 볶아 식힌다.
2. 오징어는 껍질을 벗겨 안쪽에 칼집을 넣고 길이 6㎝로 잘라 살짝 볶고 새우도 길이로 반 갈라 볶는다.
3. 홍합살은 끓는 물에 소금을 넣고 살짝 데쳐 볶는다.
4. 마른 표고버섯은 물에 불려 채 썰어 간장 양념에 무쳐 볶는다.
5. 양파, 당근, 풋고추, 홍고추는 채를 썰어 소금 간 하여 볶는다.
6. 달걀은 황백 지단을 부쳐 5㎝ 길이로 채 썬다.
7. 볶은 당면에 모든 재료를 넣고 깨소금, 참기름을 넣고 무친다.

TIP

* 동해안에 접해 있는 원산은 어패류가 풍부하다.
* 해물은 오래 익히면 질기므로 잠깐만 익힌다.
* 오징어 대신 문어를 사용하기도 한다.

북어전

재료

북어 2마리, 밀가루 5큰술, 달걀 1개, 식용유 5큰술

양념장 : 간장 1작은술, 설탕 1작은술, 다진 파 $\frac{1}{2}$작은술, 다진 마늘 $\frac{1}{4}$작은술, 생강즙 1작은술, 깨소금 $\frac{1}{4}$작은술, 후춧가루 약간, 참기름 1작은술,

만드는 법

1. 북어는 머리를 자르고 물에 불려 가시와 껍질을 없애고 세토막 낸다.
2. 등쪽에 잔칼집을 내어 오그라들지 않게 하고 달걀은 풀어 놓는다.
3. 북어에 양념장으로 양념을 한다.
4. 양념한 북어는 밀가루, 달걀을 입힌다.
5. 팬에 기름을 두르고 북어전을 앞뒤로 지진다.

TIP

* 북어전은 살이 부드러운 황태로 하면 좋다.
* 명태는 함경도 명천에 사는 태모(太某)씨가 잡은 생선이라 하여 붙여진 이름이다.

아바이순대

재료

돼지 창자 600g, 굵은 소금 1큰술, 밀가루 3큰술, 찹쌀 2컵, 숙주 300g, 배추잎 200g, 삶은 우거지 200g, 선지 2컵

소양념 : 간장 1큰술, 소금 1큰술, 고춧가루 1작은술, 다진 파 5큰술, 다진 마늘 4큰술, 다진 생강 1큰술, 청주 2큰술, 후춧가루 $\frac{1}{2}$작은술, 참기름 2큰술

향신재료 : 된장 3큰술, 생강 20g, 통후추 1큰술

새우젓양념 : 새우젓 2큰술, 다진 풋고추 1큰술, 다진 홍고추 1큰술

만드는 법

1. 돼지창자는 뒤집어서 굵은 소금과 밀가루로 주물러 씻고 하룻밤 물에 담가 놓는다.
2. 찹쌀은 깨끗하게 씻은 후 물에 2시간 이상 불려 찜솥에 2시간 찐다.
3. 숙주와 배춧잎은 끓는 물에 데치고, 삶은 우거지는 깨끗이 씻어서 모두 다져서 물기를 꼭 짠다.
4. 찐 찹쌀에 돼지 선지로 물을 들인 후 나머지 재료를 모두 합하여 소양념을 넣고 고루 섞는다.
5. 돼지창자를 건져서 물기를 닦아 한쪽 끝을 실로 묶고 반대쪽 끝에 깔때기를 끼운 후 준비한 소를 밀어 넣어 채운 다음 끝을 다시 실로 묶는다.
6. 물에 된장과 생강 저민 것, 통후추를 넣고 끓으면 순대를 넣어 30분 정도 삶다가 순대 곳곳을 꼬챙이로 뚫어 주고 불을 줄여 30분 정도 더 삶아 낸다.
8. 익은 순대를 건져서 한김 식으면 1.5㎝ 두께로 썰어서 그릇에 담고 소금이나 새우젓에 찍어 먹는다.

TIP

* 돼지내장에 속을 가득 채우면 삶을 때 터지므로 $\frac{2}{3}$정도만 채운다.
* 내장은 신선한 것일수록 냄새가 덜하므로 신선한 내장을 구입하여 사용한다.
* 순대는 꼬치로 구멍을 내지 않으면 끓이는 도중에 터진다.
* 소금에 고춧가루를 섞어 양념으로 곁들여 내기도 한다.

가자미식해

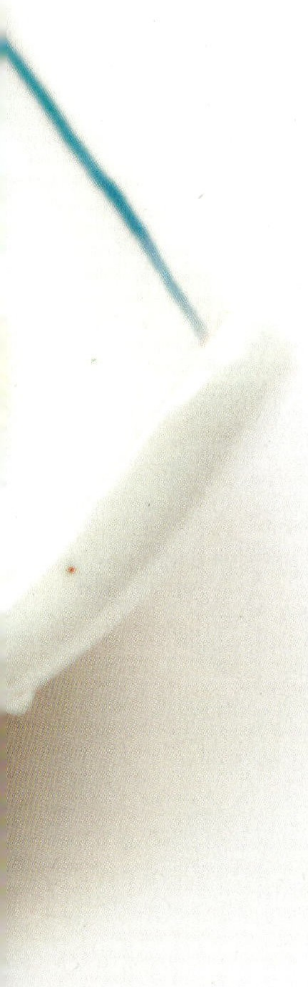

재료

참가자미 10마리, 소금 1컵, 좁쌀 1컵, 엿기름 1컵, 무 500g, 고춧가루 1컵, 다진 마늘 2큰술, 다진 생강 1큰술, 소금 1큰술

만드는 법

1. 가자미는 손바닥만 한 것으로 내장을 빼고 비늘을 긁어 소금을 뿌려 절였다가 채반에 널어 꾸덕꾸덕하게 말린다.
2. 말린 가자미는 머리, 꼬리를 자르고 가로・세로 5㎝ 길이로 큼직하게 썬다.
3. 좁쌀은 고슬고슬하게 밥을 하고 엿기름은 고운 체에 내려 가루만 모은다.
4. 무는 0.5㎝ 두께로 채 썰어 소금에 절였다가 물기를 꼭 짠다.
5. 재료를 한데 섞어 고춧가루와 마늘, 생강을 섞어 항아리에 눌러 담아 7일 정도 삭힌다.

TIP

- ★ 가자미식해를 담아 접시나 돌로 눌러 공기가 들어가지 않게 한다.
- ★ 북한에서는 명태, 코다리, 도루묵, 오징어등을 이용하여 식해를 담는다.
- ★ 식해를 익히는 온도는 20℃ 정도에서 은근히 익히는 것이 좋다.

오그랑떡

재료

찹쌀 가루 1컵, 멥쌀가루 1컵, 소금 1작은술, 반죽물 $\frac{1}{2}$컵, 붉은 팥 2컵, 소금 1큰술, 설탕 5큰술

만드는 법

1. 찹쌀 가루와 멥쌀가루는 소금을 넣어 체에 한번 내린다.
2. 가루는 익반죽하여 직경 2.5㎝ 정도로 동글동글하게 경단을 빚는다.
3. 냄비에 팥과 물을 붓고 5분 정도 끓여 팥물은 따라 버리고, 다시 냄비에 물을 붓고 팥이 무르도록 1시간 20분정도 푹 삶는다.
4. 팥물이 자작해 지면 경단을 넣고 약한 불에서 팥물이 경단에 베이도록 저어가며 익힌다.
5. 소금과 설탕을 넣고 맛을 내어 그릇에 담는다.

TIP

* 떡을 삶은 때 모양이 동그랗게 오그라들어 오그랑떡이라 한다.
* 추운 함경도 지방에서 먹는 떡으로 찹쌀을 섞어 잘 굳지 않는다.

콩엿강정

재료

볶은 검정콩 5컵
시럽 : 설탕 3큰술, 물엿 1컵, 물 1큰술

만드는 법

1. 설탕, 물엿, 물을 넣고 약한 불에서 끓여 시럽을 만든다.
2. 둥근 팬에 시럽을 넣고 끓으면 볶은 검정콩을 넣고 골고루 섞는다.
3. 도마 위에 콩엿강정을 쏟아 방망이로 밀어 두께 1㎝ 정도로 민다.
4. 콩엿강정이 굳기 전에 먹기 좋은 크기로 썬다.

TIP

* 노란 콩고물을 무치기도 한다.
* 두께가 너무 두꺼우면 딱딱하여 먹기가 안좋다.

[참고문헌]

신미혜외2인. 한국의 전통음식. 백산출판사, 2006

윤숙자, 한국의 떡・한과・음청류. 지구문화사, 2010

이효지, 한국음식문화. 신광출판사, 1998

전정원외7인, 전통향토음식. 교문사, 2010

전희정외 2인, 한국향토음식. 문화관광부, 2000

전희정외 1인, 전통저장음식. 교문사, 2009

정길자외 4인,한국의 전통병과. 교문사, 2010

정낙원외 1인. 향토음식. 교문사, 2007

한복려외 1인, 한국인의 장. 교문사, 2013

한억. 향토음식의 개발과 보급. 식품과학과 산업,1994

황혜성와 3인, 3대가 쓴 한국의 전통음식. 교문사, 2010

[저자소개]

최 봉 순

현) 혜전대학교 호텔조리외식계열 한식전공교수
경기대학교 관광학 박사
한국조리기능장
2007 남북정상회담 만찬 자문위원
(주)원앤원 메뉴 자문

고향의 맛 향토음식

인 쇄 2015년 5월 6일 1판 1쇄
발 행 2015년 5월 14일 1판 1쇄

지은이 최 봉 순
펴낸이 고 범 석
발행처 Gadam BOOK & DESIGN PLUS
주소 서울시 마포구 동교로 144-7 영일빌딩
전화 02.322.7303 / 팩스 070.4324.1775
홈페이지 www.gadamplus.com
메일 gadambooks@naver.com
출판등록 2014년 3월 18일 제2014-000094호
ISBN **979-11-86447-02-4 93590**

정가 28,000원